Lernfeld Marketing – Arbeitsheft

Inhaltsverzeichnis

Vorwort		2
1	Die interRad GmbH stellt sich vor	5
2	Analyse des Absatzes bei der interRad GmbH	11
2.1	Verkaufsstatistiken aufbereiten und analysieren	11
2.2	Regionale Absatzschwerpunkte	18
3	Grundbegriffe des Marketings	23
4	Analyse des Fahrradmarktes und der Zielgruppe	28
5	Produkt-, Preis- und Distributionspolitik	34
6	Exkurs: Preisdifferenzierung	40
6.1	Deckungsbeitragsrechnung	40
6.2	Listenverkaufspreise überprüfen	43
7	Kommunikationspolitik	47
7.1	Werbeplanung	47
7.2	Mediamix	52
7.3	Verkaufsförderung	73
7.4	Werbeanzeige	79
7.5	Direktwerbung – Mailing	85

4., überarbeitete Auflage, 2011
Druck 1, Herstellungsjahr 2011
© Bildungshaus Schulbuchverlage
Westermann Schroedel Diesterweg
Schöningh Winklers GmbH
Postfach 33 20, 38023 Braunschweig
Telefon: 01805 996696* Fax: 0531 708-664
service@winklers.de
www.winklers.de
Redaktion: Alexander Leipold
Druck: westermann druck GmbH, Braunschweig
ISBN: 978-3-8045-3222-9

* 14 ct/min aus dem deutschen Festnetz, Mobilfunk
  maximal 42 ct/min

Auf verschiedenen Seiten dieses Buches befinden sich Verweise (Links) auf Internetadressen.

Haftungshinweis: Trotz sorgfältiger inhaltlicher Kontrolle wird die Haftung für die Inhalte der externen Seiten ausgeschlossen. Für den Inhalt dieser externen Seiten sind ausschließlich deren Betreiber verantwortlich. Sollten Sie bei dem angegebenen Inhalt des Anbieters dieser Seite auf kostenpflichtige, illegale oder anstößige Inhalte treffen, so bedauern wir dies ausdrücklich und bitten Sie, uns umgehend per E-Mail davon in Kenntnis zu setzen, damit beim Nachdruck der entsprechende Verweis gelöscht wird.

Dieses Werk und einzelne Teile daraus sind urheberrechtlich geschützt. Jede Nutzung – außer in den gesetzlich zugelassenen Fällen – ist nur mit vorheriger schriftlicher Einwilligung des Verlages zulässig.

Vorwort

Unser Konzept zum handlungsorientierten Lernen stützt sich auf langjährige praktische Erfahrungen im Umgang mit den vorgelegten Materialien im Unterricht.

Die Arbeitshefte sind so konzipiert, dass sie auch unabhängig von den anderen Arbeitsheften der Reihe „Handlungsorientiert Lernen mit der interRad GmbH" verwendet werden können. Alle Arbeitshefte enthalten daher auf den ersten Blick eine ähnliche Einführung, die sich allerdings bei genauerem Hinsehen auf das jeweilige Lernfeld bezieht.

Zur Konzeption der Arbeitshefte

Mit dem Konzept „interRad GmbH" versuchen wir, Sachverhalte der kaufmännischen Kernfächer Betriebswirtschaftslehre, Datenverarbeitung, Schriftverkehr sowie in Ansätzen Rechnungswesen handlungsorientiert und praxisnah in einem Handlungszusammenhang zu vermitteln.

Die Arbeitshefte sind so konstruiert, dass sie einerseits zur Vorbereitung auf das Lernbüro, andererseits aber auch im traditionellen Wirtschaftslehreunterricht eingesetzt werden können. Damit wird Rücksicht genommen auf die Lehrkräfte, denen ein Lernbüro nicht zur Verfügung steht, die aber einen praxisnahen und handlungsorientierten Unterricht anbieten wollen.

Als weitere Arbeitshefte zum handlungsorientierten Lernen mit der interRad GmbH liegen vor: **Materialwirtschaft, Auftragsbearbeitung** und **Personalwirtschaft.**

Zur Arbeitstechnik

Für die Schüler-/innen ist es wichtig, **Eingangssituation** und **Leitfragen** vollständig zu verstehen. Wir haben uns bemüht, die Arbeitsmaterialien schülergerecht aufzubereiten. Trotzdem kann es je nach Leistungsfähigkeit und Kenntnisstand der Lerngruppe erforderlich sein, Hilfe zu geben (Fachbegriffe, Zusammenhänge müssen evtl. nachgefragt werden). Die Lernenden sollten sich daher angewöhnen, die Materialien aufmerksam durchzuarbeiten. Die entsprechende Arbeitstechnik (Textanalyse, sinnentnehmendes Lesen) ist wesentliche Voraussetzung, wenn weitgehend selbstständig die Leitfragen erarbeitet werden sollen. Genauere Hinweise finden sich dazu im Lehrerhandbuch.

Das Modellunternehmen

Im Mittelpunkt aller Arbeitsbücher steht das Modellunternehmen „interRad GmbH", ein Industrieunternehmen, das neben einer Produktionsplanung vor allem alle üblichen Abteilungen eines Handelsunternehmens aufweist. Das Produkt Fahrrad hat sich dabei als schülerbezogen und -aktivierend erwiesen. Die Konzeption beruht auf einem durchgängigen und stimmigen Datenkranz. Alle Daten sind aufeinander bezogen, sodass die Lernenden immer die Zusammenhänge im Arbeitsablauf wiedererkennen und reflektieren können. Ein solch stimmiger Datenkranz verlangt allerdings didaktische Einschränkungen, damit die Übersichtlichkeit nicht leidet. So ist z. B. die Anzahl der Fahrradteile beschränkt und es werden Baugruppen zur Montage der Fahrräder verwendet.

Lehrermedienpakete

Die Lehrermedienpakete enthalten jeweils ein **Lehrerhandbuch** und einen **Formularsatz.**

Ergänzende Hinweise zur Didaktik und Methodik geben die Lehrerhandbücher. In ihnen finden sich auch die Lösungsvorschläge, wobei in einigen Situationen mehrere Lösungen möglich sind, sodass die Lernenden auch über Lösungsstrategien nachdenken müssen.

Für die einzelnen Lernprojekte werden Formularsätze angeboten. Die Formulare sind praxisgerecht aufbereitet, editierbar und veranschaulichen die wirklichkeitsnahe Konzeption. Sie verstärken die Motivation der Schüler/-innen. Mit dem Kauf erwerben Sie ein Kopierrecht.

Warum „Lernfeld" Marketing?

Mit den „Handreichungen für die Erarbeitung von Rahmenlehrplänen der Kultusministerkonferenz (KMK) für den berufsbezogenen Unterricht in der Berufsschule" wurde ein Paradigmenwechsel von der Ausrichtung der Rahmenlehrpläne nach Lerngebieten zur Ausrichtung nach Lernfeldern und damit der Übergang zu einer prozess- und handlungsorientierten Unterrichtsform vollzogen. Vorgabe für die Entwicklung eines KMK-Rahmenlehrplans ist die Handlungsorientierung.

Die KMK beschließt für den berufsbezogenen Unterricht in der Berufsschule Rahmenlehrpläne, die mit den jeweiligen Ausbildungsordnungen abgestimmt sind. Die Bundesländer übernehmen die Rahmenlehrpläne unmittelbar oder setzen sie nach landesspezifischen Kriterien in eigene Lehrpläne um. Für Berufsfachschulen können die Bundesländer ohne KMK-Vorgaben eigenständige Lehrpläne entwickeln. Neu zu konzipierende bzw. zu reformierende Bildungsgänge in der vollschulischen Berufsausbildung werden die Lernfeldstruktur der KMK weitestgehend übernehmen und den berufsbezogenen Lernbereich in thematisch zusammengefasste Lernfelder gliedern.

Die bisherigen Lerngebiete wurden unter fachdidaktischen Aspekten gebildet und nach Lernzielen und Lerninhalten gegliedert. Dagegen handelt es sich bei Lernfeldern um thematische Einheiten, die durch Zielformulierungen und Inhaltsangaben beschrieben werden und sich an konkreten beruflichen Aufgabenstellungen und Handlungsabläufen orientieren. Auf der Grundlage der Lernfelder werden für den Unterricht Lernsituationen entwickelt. In ihnen werden Fachinhalte in einen Anwendungszusammenhang gebracht.

Unser Konzept „Handlungsorientiert Lernen mit der interRad GmbH" basiert auf den didaktischen Grundlagen des Lernfeldansatzes und verknüpft fach- und handlungssystematische Strukturen.

Bremen, Dezember 2010 *Die Verfasser*

Liebe Schülerinnen und Schüler,

vielleicht kennen Sie schon andere Arbeitshefte aus der Reihe mit dem Modellunternehmen interRad GmbH. Vor Ihnen liegt nun das Arbeitsheft „Lernfeld Marketing". Auch mit diesem Arbeitsheft können Sie handlungsorientiert wirtschaftliche Inhalte kennenlernen und Aufgaben lösen.

Das Arbeitsheft ist in verschiedene Themenbereiche gegliedert. Jeder Themenbereich enthält einen Arbeitsbogen, die Arbeitsunterlagen und Anlagen.

Der einzelne Arbeitsbogen ist stets wie folgt aufgebaut:

1. Situation: Hier werden die Ausgangslage und das zu lösende Problem vorgestellt.

2. Arbeitsauftrag: Dieser beginnt jeweils mit den praktischen Aufgaben – Ausfüllen von Formularen, Entwerfen und Schreiben von Briefen, Lösen von Problemen, Kontrolle von Arbeitsblättern. Schließlich folgen die eher theoretischen Fragen, die Sie dann auf Grundlage Ihrer praktischen Arbeit und mithilfe ergänzender Unterlagen lösen können. Das meinen wir mit Handlungsorientierung.

3. Arbeitsunterlagen/Anlagen: Hinweise auf die erforderlichen Anlagen mit Seitenangaben.

Folgenden Hinweis müssen Sie beim Arbeiten mit den Anlagen beachten:

* Anlagen bzw. Arbeitsunterlagen, die bereits in früheren Themenbereichen vorliegen

Einige Anlagen finden Sie im Anhang; darauf werden Sie natürlich hingewiesen.

Im Idealfall können Sie die Aufgaben selbstständig lösen, das setzt allerdings eine bestimmte Arbeitstechnik voraus. Eingangssituation und Leitfragen müssen Sie vollständig verstanden haben. Arbeiten Sie daher die Materialien aufmerksam durch, markieren Sie z. B. unbekannte Begriffe, versehen Sie die Texte mit Anmerkungen. Wenn Unklarheiten bestehen, sollten diese im Klassengespräch oder mit der Lehrkraft geklärt werden.

Im Mittelpunkt Ihrer Arbeit steht das Modellunternehmen „interRad GmbH". Die interRad GmbH ist ein Industrieunternehmen, das Fahrräder montiert und auch verkauft (genauere Informationen erhalten Sie in den ersten beiden Arbeitsbogen). Leider existiert dieses Unternehmen in der Wirklichkeit nicht, aber wir haben uns sehr bemüht, realitätsgerechte Materialien zu verwenden.

Mit diesem Arbeitsheft erhalten Sie einen wirklichkeitsnahen Einblick in die Aufgaben der Auftragsbearbeitung. Sie erarbeiten zugleich die theoretischen Grundlagen dieses Lernfeldes.

Wir wünschen Ihnen viel Erfolg!

Marketing

1 Die interRad GmbH stellt sich vor

Arbeitsbogen **1**

Situation

Der Auszubildende Rudi Steinmann hat während seiner Berufsausbildung bei der interRad GmbH bereits die Hauptabteilungen Logistik und (zum großen Teil) Absatz kennen gelernt – siehe dazu die Lernfelder „Materialwirtschaft" sowie „Auftragsbearbeitung". Nun wechselt Rudi innerhalb des Absatzes in die Abteilung Marketing.

Die Leiterin der Abteilung Marketing, Frau Bond, empfängt ihn:

Bond: Guten Tag, Herr Steinmann! Ich hoffe, Sie werden sich bei uns wohl fühlen.

Steinmann: Bestimmt, Werbung interessiert mich sehr.

Bond: Nun, Werbung ist sicher ein wichtiger Teil des Marketings. Aber Sie werden mit mehr Dingen zu tun haben. Marketing umfasst ein ganzes Bündel von Maßnahmen, die ein Unternehmen treffen kann, um seinen Absatz zu organisieren bzw. zu fördern. Aber das werden Sie ja alles erfahren. Erst einmal sollen Sie sich selbst einen kleinen Überblick verschaffen. Deshalb geben wir allen Azubis die Ihnen z. T. schon bekannten Materialien: das Informationsblatt über die interRad GmbH und das Organigramm über den Aufbau bzw. die Gliederung unserer Hauptabteilungen, dazu diesen Katalog von Fragen. Ich möchte, dass Sie diese Materialien bearbeiten, damit Sie einen ersten Einblick über die Aufgabe des Marketings innerhalb der interRad GmbH bekommen. Dann werden wir uns weiter unterhalten.

Arbeitsauftrag

Beantworten Sie zunächst mithilfe des Informationsblattes die folgenden Fragen:

1. Kunden und Besucher der interRad GmbH erhalten das Informationsblatt. Begründen Sie, welchen weiteren Zweck dieses Blatt neben der sachlichen Information erfüllen soll. Nennen Sie dafür auch Beispiele.

2. a) Welche Gründe führten zu dem Entschluss, das bisherige Einzelhandelsunternehmen in den Industriebetrieb interRad GmbH umzuwandeln?

   b) Inwiefern dienen die genannten Gründe auch der Imagebildung der interRad GmbH?

3. Die interRad GmbH hat ihren Entschluss bekräftigt, an ihrem eigenen Weg zur Herstellung und zum Vertrieb der Fahrräder festzuhalten.

   a) Erläutern Sie die im Text genannten Besonderheiten zur Produktion, zur Montage sowie zum Vertrieb bei der interRad GmbH.

   b) Begründen Sie, welche dieser Besonderheiten (siehe 3.a) Sie besonders herausstreichen würden, um die interRad GmbH in ihrer Öffentlichkeitsarbeit (Public Relations) als ein Qualitätsunternehmen darzustellen.

Marketing

1 Die interRad GmbH stellt sich vor

Arbeitsbogen **1**

4. Überlegen und begründen Sie, welche Verbraucherkreise vermutlich vor allem von der interRad GmbH angesprochen werden.

5. Erläutern Sie mithilfe des Organigramms:

   a) Zu welcher Hauptabteilung gehört die Abteilung Marketing?

   b) Warum ist es sinnvoll, Marketing dieser Hauptabteilung zuzuordnen?

6. Der Geschäftsleitung sind die beiden Stabsstellen „Sekretariat" und „Organisation/Statistik" zugeordnet. Beantworten Sie mithilfe eines Lehrbuches – oder anhand der o. g. Arbeitshefte – folgende Fragen:

   a) Die interRad GmbH ist nach dem „Stab-Linien-System" organisiert. Welche Aufgaben haben die Stabsstellen?

   b) Begründen Sie für die folgenden Fälle, ob der Anweisungsweg in Bezug auf die Aufbauorganisation der interRad GmbH richtig ist.

   – Die Stabsstelle Organisation/Statistik weist die Leiterin der Abteilung Marketing an, ein neues Werbekonzept für die Rennräder zu entwerfen.

   – Der Leiter des Rechnungswesens fordert Mitarbeiter des Marketings auf, eine Statistik über die Entwicklung der Werbekosten der letzten fünf Jahre zu erstellen.

   – Der Leiter der Hauptabteilung Absatz verlangt vom Marketing den Entwurf eines Konzeptes zur Verkaufsförderung (Publicrelations).

7. In der Ausgangssituation wird kurz über das Marketing gesprochen. Erläutern Sie, was man unter Marketing versteht (eine ausführlichere Einführung über die Bedeutung des Marketings erhalten Sie im Arbeitsbogen 4).

Anlagen/Arbeitsunterlagen

Informationsblatt der interRad GmbH
Organigramm der interRad GmbH

interRad GmbH

**Fahrrad
des Jahres**

Individualität — Exklusivität — Qualität
und
umweltgerechte Verarbeitung

In der Fahrradbranche und bei den Kunden sind
das Begriffe, die fest mit dem Namen

interRad

verbunden sind.

interRad GmbH – erfolgreich mit Qualität

Die interRad GmbH ist ein mittelständisches Industrieunternehmen mit Sitz in Bremen. 1952 gründeten Wolfgang Peters und Karl Bertram das Einzelhandelsgeschäft Hansa-Rad, Peters & Bertram OHG. Zunächst beschränkte sich die Firmenpolitik auf die Reparatur und den Verkauf von Fahrrädern.

Fundierte technische Kenntnisse und sensibles Empfinden für die Kundenwünsche führten 1968 zu dem Entschluss, Fahrräder selbst zu produzieren. Die interRad GmbH wurde gegründet.

Bewusst wurde das Sortiment zunächst auf zwei Grundtypen mit unterschiedlicher Ausstattung beschränkt: das Stadtrad und das Rennrad. Erst in den letzten Jahren wurde die Produktion auf die Herstellung von Mountainbikes erweitert.

Aus den bescheidenen Anfängen mit zunächst 8 Beschäftigten hat sich bis heute ein erfolgreiches Unternehmen mit zurzeit 117 Mitarbeiterinnen und Mitarbeitern entwickelt, von denen 85 unmittelbar in der Produktion beschäftigt sind.

Unser Produktionsprogramm umfasst heute:

Fahrradtyp	Ausführung	Version
Typ 1 – Stadtrad:	Herren-Stadtrad	7- und 24-Gang-Schaltung
	Damen-Stadtrad	7- und 24-Gang-Schaltung
Typ 2 – Mountainbike:	Herren-Mountainbike	21- und 27-Gang-Schaltung
	Damen-Mountainbike	21- und 27-Gang-Schaltung
Typ 3 – Rennrad:	Rennrad	18- und 27-Gang-Schaltung

Verändertes Freizeitverhalten, sich langsam änderndes Umweltbewusstsein und die Verkehrsentwicklung auf den zunehmend überfüllten Straßen führten auf dem Fahrradmarkt einerseits zu einem Herstellungsboom, aber auch zu verstärkter Konkurrenz billigerer Massenprodukte.

Fahrrad des Jahres

Dagegen bekräftigte die interRad GmbH ihren Entschluss, an ihrem eigenen Weg zur Herstellung und zum Vertrieb der Fahrräder festzuhalten. Hochwertige und umweltgerechte Qualität sowie individuelles Design wurden so zu einem Markenzeichen unseres Unternehmens. Bewusst wurde also auf ein begrenztes Marktsegment gesetzt.

Diese Firmenphilosophie begründet auch die erfolgreiche Stellung der interRad GmbH auf dem Fahrradmarkt. Unsere Fahrräder werden in der gesamten Bundesrepublik Deutschland nachgefragt, sind aber trotzdem keine Massenprodukte.

Dementsprechend verfügt unser Unternehmen heute über einen z. T. schon seit Jahren festen Kundenstamm im Fachhandel, der Wert auf interRad-Image legt. So gehören gerade auch viele der „alternativen Fahrradläden" zu unseren Kunden. Zurzeit bilden im Wesentlichen 90 Fahrradhändler, davon 18 in den neuen Bundesländern, unseren Kundenstamm, die zum Teil weitere Einzelhändler versorgen, sodass wir mittlerweile ein nahezu vollständiges Händlernetz in der gesamten Bundesrepublik Deutschland erreichen. Dazu gehören zwei Großabnehmer für den skandinavischen Markt, die auch dort für die Verbreitung des guten Rufs unseres Unternehmens sorgen. Kundenorientierung und Kundenpflege – bei uns keine Schlagworte, wir praktizieren sie: Einwandfreie und pünktliche Lieferung, ständiger Kontakt und Hilfen beim Marketing für unsere Produkte garantieren eine vertrauensvolle Zusammenarbeit und langfristige Bindung.

Unser erfolgreicher Weg ist aber auch ein Ergebnis sorgfältiger Einkaufspolitik. Die erforderlichen Fremdbauteile und Rohstoffe für unsere Produktion beziehen wir hauptsächlich von sechzehn inländischen und zwei ausländischen Lieferanten, deren Namen für Wertarbeit bürgen. Auch hier hat sich die jahrelange Kooperation bewährt.

Während also die meisten Teile des Fahrrades von entsprechenden Markenherstellern bezogen werden, hat sich die interRad GmbH bewusst dazu entschieden, Rahmen und Gabeln in eigener Produktion herzustellen, um mit hochwertigen Rohstoffen und zweckgerichtetem Design interRad-Qualität zu garantieren. Die Montage der Fahrräder erfolgt dann durch spezialisierte Fachkräfte in der Reihenfolge der erforderlichen Arbeiten in der sogenannten Werkstattfertigung.

Individualität, Exklusivität, Qualität und umweltgerechte Verarbeitung – in der Fahrradbranche und bei den Kunden sind dies Begriffe, die fest mit dem Namen interRad GmbH verbunden sind.

interRad GmbH – erfolgreich mit Qualität

interRad GmbH, Walliser Straße 125, 28325 Bremen
Telefon: 0421 421047
Telefax: 0421 421048

E-Mail: info@interrad.de
Internet: www.interrad.de
USt-IdNr. DE 285 355 325

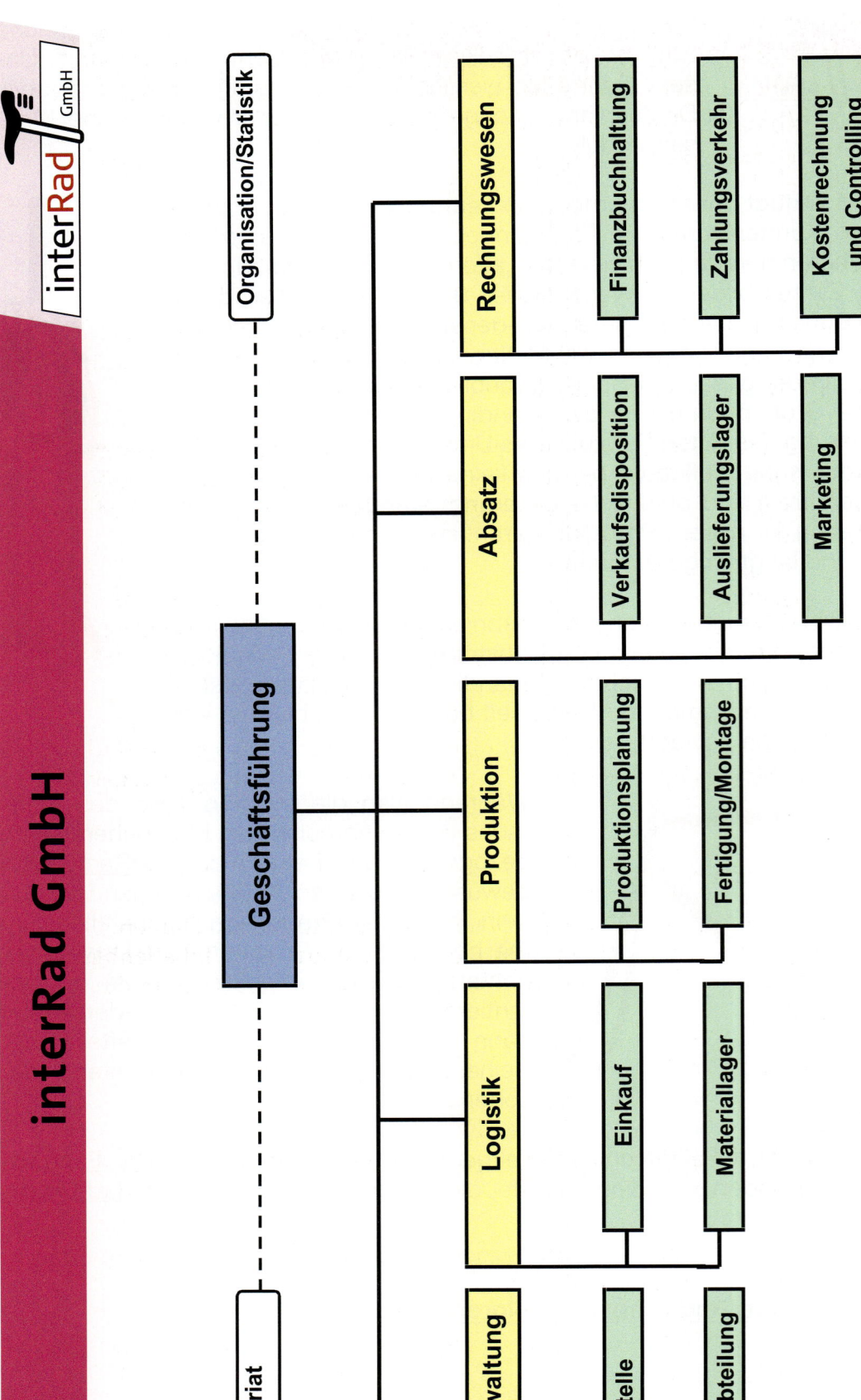

Marketing

2 Analyse des Absatzes bei der interRad GmbH
2.1 Verkaufsstatistik aufbereiten und analysieren

Arbeitsbogen **2**

Situation

Die Geschäftsleitung der interRad GmbH beschäftigt sich in regelmäßigen Konferenzen mit der Absatzentwicklung des Unternehmens, um wichtige betriebswirtschaftliche Entwicklungen zu erkennen bzw. Anpassungen an den Markt vorzubereiten.

Die Abteilungen Organisation/Statistik und Marketing der interRad GmbH bereiten dazu im Rahmen der Marktforschung hauseigene Verkaufsdaten auf, insbesondere die Verkaufsstatistik der letzten vier Jahre für die drei Artikelgruppen Typ 1 Stadtrad, Typ 2 Mountainbike und Typ 3 Rennrad.

Bei jedem Verkaufsvorgang werden die Verkaufsmengen mit einem Tabellenkalkulationsprogramm erfasst. Das Tabellenblatt „ABSATZ 1" zeigt die Absatzzahlen der letzten vier Jahre für alle Versionen der Fahrräder (siehe Anlage). Das letzte Jahr ist in der Tabelle mit …4 und das am weitesten zurückliegende Jahr mit …1 gekennzeichnet.

In diesem Tabellenblatt finden Sie außerdem die Artikelstammdaten der interRad GmbH mit den Listenpreisen. Die Listenpreise sind in den letzten beiden Jahren gleich geblieben.

Arbeitsauftrag

1. Die Verkaufsstatistik Stadträder soll um die Daten der Stadtradversion Damen, 07-Gang-Nabenschaltung ergänzt werden. Übertragen Sie zunächst aus dem Tabellenblatt „ABSATZ 1" die Verkaufsmengen und die Listenpreise der letzten zwei Jahre in die Absatz- und Umsatzstatistik.

   a) Vervollständigen Sie die Tabelle „Absatzstatistik" (Spalten „Absatz Index" und „Änderung zum Vorjahr").

      – Setzen Sie dazu die Absatzmenge des Jahres …1 als Basiswert gleich 100 %. Ermitteln Sie die fehlenden Indexzahlen.

      – Errechnen Sie für die Indexzahlen die Veränderung der Absatzmengen zum Vorjahr in Prozent (Spalte „Änderung zum Vorjahr").

   b) Vervollständigen Sie die Tabelle „Umsatzstatistik" (Spalten „Umsatz", „Umsatz Index" und „Änderung zum Vorjahr").

   c) Fertigen Sie für den Absatz der Jahre …3 bis …4 ein Balkendiagramm an (y-Achse = Menge, x-Achse = Jahre).

2. In der Absatzstatistik Fahrräder muss die Tabelle „Anteile der Typen am Gesamtabsatz (IST-Absatz in %)" noch ausgefüllt werden. Errechnen Sie den prozentualen Anteil für die einzelnen Fahrradtypen am Gesamtabsatz für die letzten zwei Jahre.

© Winklers 3222 Abraham : Nemeth : Schalk, interRad GmbH – Lernfeld Marketing

Marketing

2 Analyse des Absatzes bei der interRad GmbH
2.1 Verkaufsstatistik aufbereiten und analysieren

Arbeitsbogen **2**

3. Der „Absatzplan Fahrräder" zeigt die geplanten Absatzmengen (SOLL-Absatz) der letzten 4 Jahre. In der Statistik „Absatz – SOLL-IST-Vergleich" werden Planabweichungen erfasst. Vergleichen Sie für die letzten zwei Jahre den geplanten Absatz der drei Fahrradtypen (SOLL-Absatz) mit dem tatsächlichen Absatz (IST-Absatz).

   a) Subtrahieren Sie den SOLL-Absatz vom IST-Absatz. Tragen Sie die Differenz mit positiven bzw. negativen Vorzeichen in die Tabelle „Planabweichungen in Stück (IST-Absatz – SOLL-Absatz)" ein.

   b) Ermitteln Sie den prozentualen Anteil des tatsächlichen Absatzes am geplanten Absatz. Der geplante Absatz entspricht 100 %. Tragen Sie die Ergebnisse in die Tabelle „Planabweichungen in % (IST-Absatz in % vom SOLL-Absatz)" ein.

   c) Erstellen Sie für die prozentualen Abweichungen von dem Planabsatz aller Fahrradtypen (Planabsatz entspricht 100 %) der Jahre ...3 bis ...4 ein Diagramm.

4. Werten Sie die Statistiken aus.

   a) Fassen Sie die wichtigsten Ergebnisse der Statistiken zusammen.

   b) Zeigen Sie mögliche Ursachen für die Absatz- und Umsatzentwicklung bei der interRad GmbH auf.

   c) Diskutieren Sie mögliche Änderungen in der Produktions- bzw. Absatzpolitik der interRad GmbH. Erläutern Sie in diesem Zusammenhang auch den Unterschied zwischen Absatz und Umsatz.

Anlagen/Arbeitsunterlagen

Tabellenblatt „ABSATZ 1"
Blankoformular „Verkaufsstatistik Stadträder"
Blankoformular „Absatzstatistik Fahrräder"
Absatzplan Fahrrräder
Blankoformular „Absatz – SOLL-IST-Vergleich"

Absatz 1

Artikelstammdaten

Lf.-Nr.	Artikel-Nr.	Typ	Ausführung	Version	Listenpreis Jahre ...3 / ...4
01	110 071	Stadtrad	Damen	07-Gang	689,00 €
02	110 241	Stadtrad	Damen	24-Gang	754,00 €
03	120 071	Stadtrad	Herren	07-Gang	685,00 €
04	120 241	Stadtrad	Herren	24-Gang	749,00 €
05	210 212	Mountainbike	Damen	21-Gang	889,00 €
06	210 272	Mountainbike	Damen	27-Gang	915,00 €
07	220 212	Mountainbike	Herren	21-Gang	869,00 €
08	220 272	Mountainbike	Herren	27-Gang	895,00 €
09	320 183	Rennrad	Herren	18-Gang	1.189,00 €
10	320 273	Rennrad	Herren	27-Gang	1.345,00 €

Rohdaten Absatz Jahre ...1 bis ...4

Lf.-Nr.	Artikel-Nr.	Absatz Jahr ...1	Absatz Jahr ...2	Absatz Jahr ...3	Absatz Jahr ...4
01	110 071	5 000	6 500	7 200	4 000
02	110 241	6 000	6 700	7 500	4 700
03	120 071	5 500	6 600	7 400	4 200
04	120 241	6 100	6 300	7 600	5 300
05	210 212	4 000	4 100	4 100	4 200
06	210 272	4 000	4 200	4 100	4 200
07	220 212	4 000	4 200	4 300	4 300
08	220 272	4 000	4 200	4 400	4 300
09	320 183	4 000	4 100	4 110	4 000
10	320 273	4 000	4 000	4 000	4 000

© Winklers 3222 Abraham : Nemeth : Schalk, interRad GmbH – Lernfeld Marketing

Verkaufsstatistik Stadträder

Absatzstatistik		Damen-Stadtrad, 07-Gang-Nabenschaltung		
Jahr		Absatz (Stück)	Absatz Index	Änderung zum Vorjahr
...1		5 000	100 %	0 %
...2		6 500	130 %	30 %
...3				
...4				
...1 bis ...4				

Umsatzstatistik		Damen-Stadtrad, 07-Gang-Nabenschaltung		
Jahr	Listenpreis	Umsatz (Menge · Preis)	Umsatz Index	Änderung zum Vorjahr
...1	597,50 €	2.987.500,00 €	100 %	0 %
...2	625,00 €	4.062.500,00 €	136 %	36 %
...3				
...4				
...1 bis ...4				

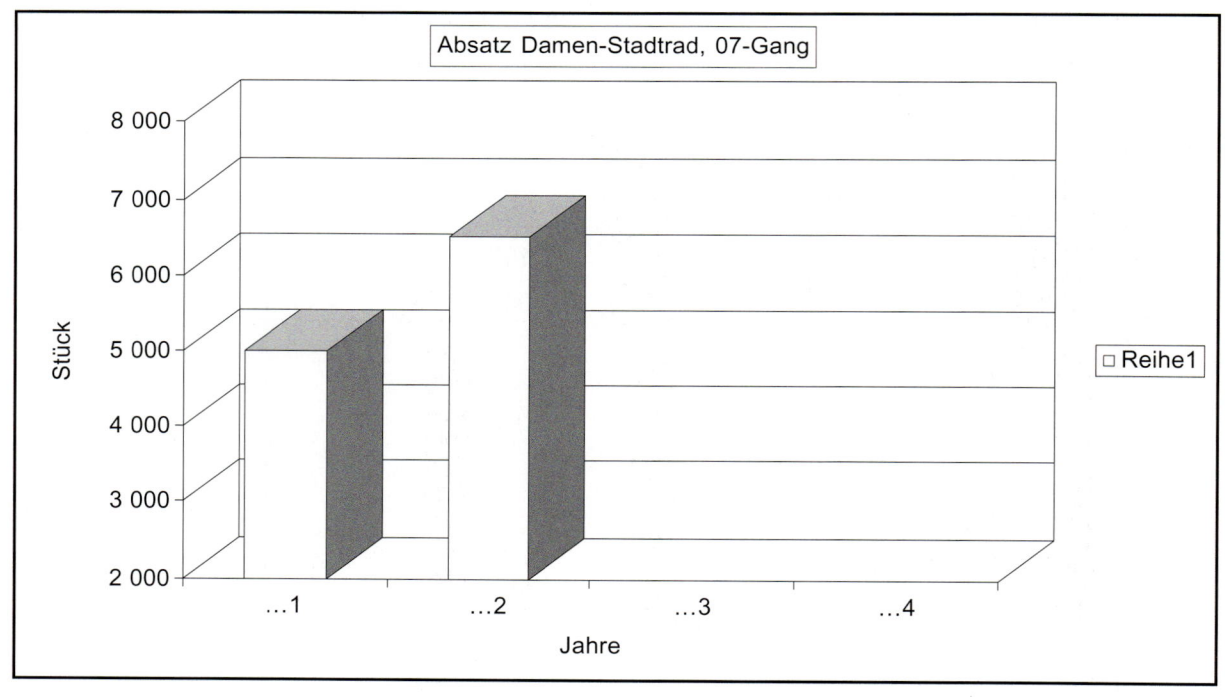

Absatzstatistik Fahrräder

Tatsächlicher Absatz (IST-Absatz in Stück)

Jahr	Typ 1 Stadträder	Typ 2 Mountainbikes	Typ 3 Rennräder	alle Fahrradtypen
...1	22 600	16 000	8 000	46 600
...2	26 100	16 700	8 100	50 900
...3	29 700	16 900	8 110	54 710
...4	18 200	17 000	8 000	43 200
	96 600	66 600	32 210	195 410

Anteile der Typen am Gesamtabsatz (IST-Absatz in %)

Jahr	Typ 1 Stadträder	Typ 2 Mountainbikes	Typ 3 Rennräder	alle Fahrradtypen
...1	48,50 %	34,33 %	17,17 %	100,00 %
...2	51,28 %	32,81 %	15,91 %	100,00 %
...3				
...4				
...1 bis ...4				

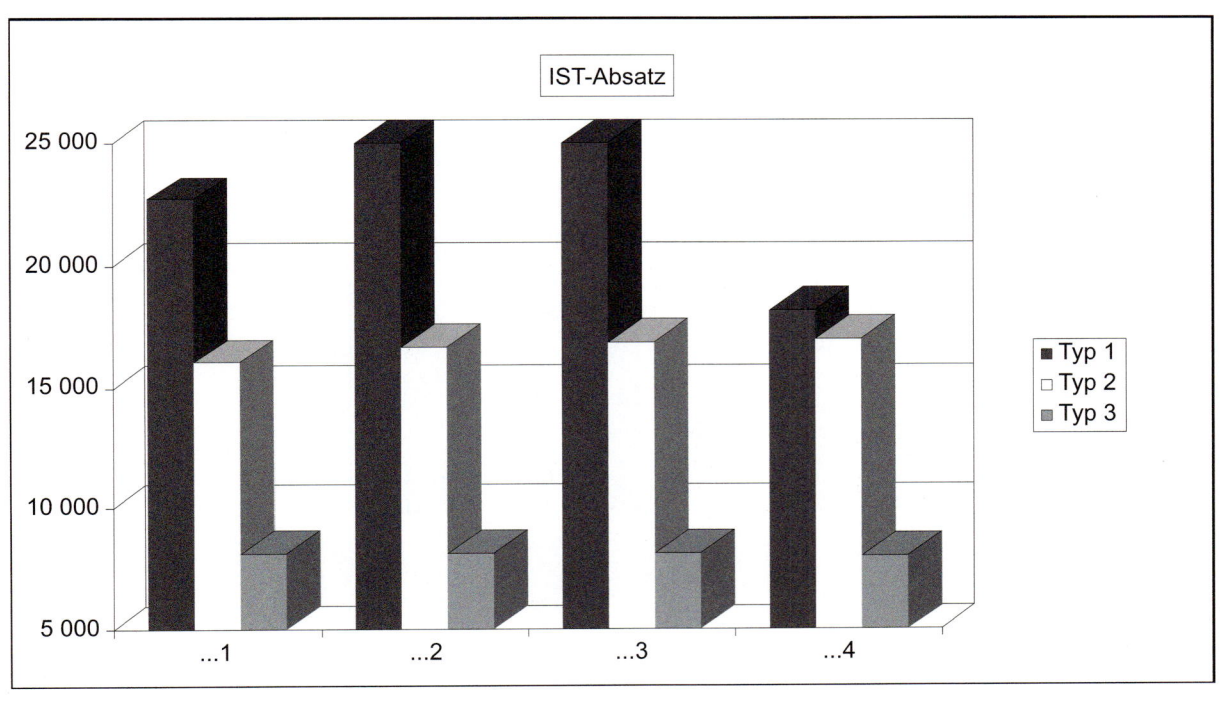

Absatzplan Fahrräder

Geplanter Absatz (SOLL-Absatz in Stück)

Jahr	Typ 1 Stadträder	Typ 2 Mountainbikes	Typ 3 Rennräder	alle Fahrradtypen
…1	24 000	16 000	8 000	48 000
…2	24 000	16 000	8 000	48 000
…3	24 000	16 000	8 000	48 000
…4	24 000	16 000	8 000	48 000
…1 bis …4	96 000	64 000	32 000	192 000

Geplanter Absatz (SOLL-Absatz in %)

Jahr	Typ 1 Stadträder	Typ 2 Mountainbikes	Typ 3 Rennräder	alle Fahrradtypen
…1	50,00 %	33,00 %	17,00 %	100,00 %
…2	50,00 %	33,00 %	17,00 %	100,00 %
…3	50,00 %	33,00 %	17,00 %	100,00 %
…4	50,00 %	33,00 %	17,00 %	100,00 %
…1 bis …4	50,00 %	33,00 %	17,00 %	100,00 %

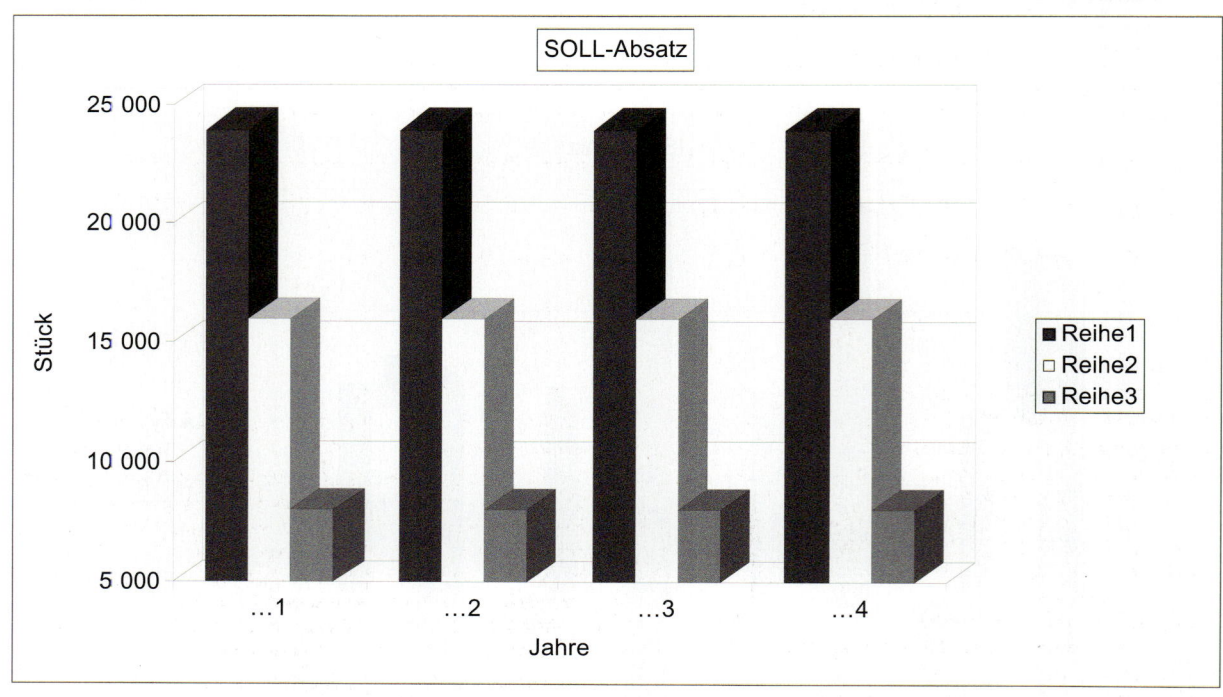

Absatz (Soll-Ist-Vergleich)

Planabweichungen in Stück (IST-Absatz – SOLL-Absatz)

Jahr	Typ 1 Stadträder	Typ 2 Mountainbikes	Typ 3 Rennräder	alle Fahrradtypen
...1	-1 400	0	0	-1 400
...2	2 100	700	100	2 900
...3				
...4				
...1 bis ...4				

SOLL-IST-Vergleich (SOLL-Absatz entspricht 100 %)

Jahr	Typ 1 Stadträder	Typ 2 Mountainbikes	Typ 3 Rennräder	alle Fahrradtypen
...1	94,2 %	100,0 %	100,0 %	97,1 %
...2	108,8 %	104,4 %	101,3 %	106,0 %
...3				
...4				
...1 bis ...4				

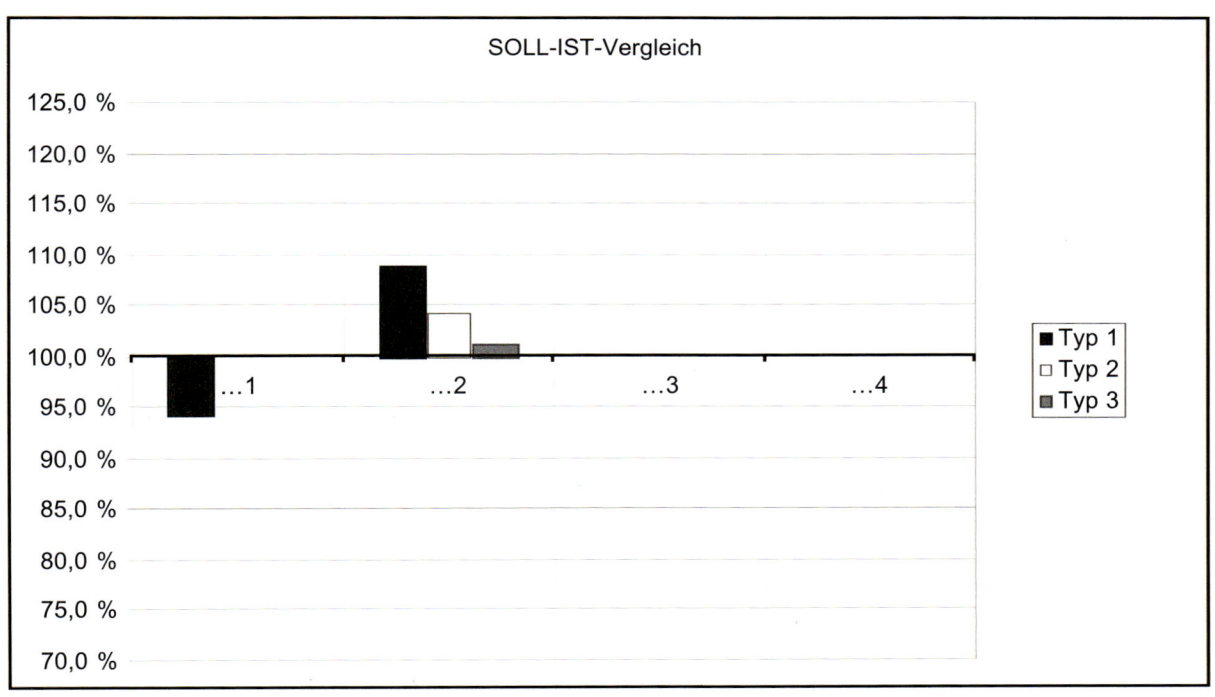

Marketing

2 Analyse des Absatzes bei der interRad GmbH
2.2 Regionale Absatzschwerpunkte

Arbeitsbogen **3**

Situation

Für die regelmäßig stattfindenden Konferenzen der Geschäftsleitung sollen neben der Absatz- und Umsatzentwicklung auch die regionalen Absatzschwerpunkte in übersichtlicher Form dargestellt und mögliche Defizite herausgearbeitet werden.

Die notwendigen Informationen für diese Aufgabe liefert die Kundenliste der interRad GmbH.

Arbeitsauftrag

1. Die interRad GmbH hat die Bundesrepublik Deutschland in 16 Absatzgebiete eingeteilt, die mit den Bundesländern identisch sind. Tragen Sie in die Liste „Absatzgebiete" die Bundesländer in alphabetischer Reihenfolge ein.

2. Die Kundenliste zeigt die 40 umsatzstärksten Kunden der interRad GmbH. Bestimmen Sie für jeden Kunden das Absatzgebiet (Bundesland) und tragen Sie es in die Kundenliste ein.

3. Ermitteln Sie die absolute und relative Anzahl der Kunden pro Absatzgebiet und tragen Sie die errechneten Werte in die Liste „Absatzgebiete" der interRad GmbH ein.

4. Die regionale Verteilung der Kunden in der Bundesrepublik Deutschland soll in einer Karte dargestellt werden.

    a) Die Deutschlandkarte soll zur besseren Orientierung optisch aufbereitet werden. Kennzeichnen bzw. benennen Sie

    – die 16 Absatzgebiete der interRad GmbH (Bundesländer),
    – die Hauptstädte der Bundesländer,
    – die Flüsse Oder, Neiße, Elbe, Weser, Werra, Fulda, Rhein, Main, Donau,
    – Nordsee, Ostsee, Bodensee (blau).

    b) Besonders Stadträder werden traditionell in der norddeutschen Tiefebene verkauft. Grenzen Sie auf der Karte die norddeutsche Tiefebene von den anderen Großlandschaften Deutschlands ab.

    c) Tragen Sie die Standorte der Kunden in die Deutschlandkarte ein.

Marketing

2 Analyse des Absatzes bei der interRad GmbH
2.2 Regionale Absatzschwerpunkte

Arbeitsbogen **3**

5. Die Liste der Absatzgebiete und die Karte mit der regionalen Verteilung der Kunden sollen der Konferenz präsentiert werden.

   Beschreiben Sie die regionale Verteilung der Kunden in der Bundesrepublik Deutschland und bewerten Sie die Ergebnisse. Zeigen Sie dabei die Schwachstellen auf und nennen Sie mögliche Ursachen.

   Diskutieren Sie dabei auch mögliche Maßnahmen zur Verbesserung der Absatzpolitik der interRad GmbH.

Anlagen/Arbeitsunterlagen

Blankoformular Absatzgebiete
Kundenliste der interRad GmbH
Karte der Bundesrepublik Deutschland mit den Absatzgebieten der interRad GmbH
Atlas**

Absatzgebiete

Interrad-Absatzgebiete		Anzahl der Kunden	
Nummer	**Gebiet**	absolut	relativ (%)
01			
02			
03			
04			
05			
06			
07			
08			
09			
10			
11			
12			
13			
14			
15			
16			

1 Kundenliste

Lfd. Nr.	Kunden-nummer	Kundenname	Straße	PLZ	Ort	Interrad-Absatzgebiete Nr.	Gebiet (Bundesland)
01	2401	Das Rad Opitz & Winter OHG	Stiftstraße 29	44892	Bochum		
02	2402	Doppelaxel, Inh. Sandra Zimmann	Hauptstraße 11	68259	Mannheim		
03	2403	Drahtesel Vera Eggert	Kesselstraße 101	52076	Aachen		
04	2404	Dynamo GmbH	Schweriner Straße 21	30625	Hannover		
05	2405	Fahrradbüro Lorenz & Co.	Oberstraße 41	45134	Essen		
06	2406	Fahrradhaus Schneider GmbH	Osterstraße 15	26725	Emden		
07	2407	Fahrradhof Peters & Deters	Wilhelm-Tell-Straße 109	40219	Düsseldorf		
08	2408	Fahrradkontor GmbH	Heinrichstraße 25	31137	Hildesheim		
09	2409	Fahrradladen Radial GmbH	Bismarckstraße 89	44135	Dortmund		
10	2410	Fahrradladen Radwerk GmbH	Jagowstraße 104	13585	Berlin		
11	2411	Fahrradladen Rückenwind	Tegeler Weg 99	10589	Berlin		
12	2412	Fahrradladen Speiche GmbH	Hauptstraße 21	26789	Leer		
13	2413	Fahrtwind GmbH	Spessartstraße 3	53119	Bonn		
14	2414	Flizz-Fahrradladen GmbH	Porzer Straße 133	51107	Köln		
15	2415	Freilauf GmbH	Wilhelmstraße 12	86157	Augsburg		
16	2416	Luftpumpe GmbH	Hattsteiner Straße 89	60489	Frankfurt/Main		
17	2417	Per Pedale GmbH	Bremer Straße 49	42109	Wuppertal		
18	2418	Quo Radis GmbH	Unterstraße 18	47051	Duisburg		
19	2419	Rad & Tat, Inh. Gabriele Bauer	Hafendamm 1	24937	Flensburg		
20	2420	Räderwerk GmbH	Mechtenbergstraße 7	45309	Essen		
21	2421	Radgeber GmbH	Jakobstraße 93	38100	Braunschweig		
22	2422	Radhaus GmbH	August-Schmidt-Straße 16	59073	Hamm		
23	2423	Radial Hannover GmbH	Querstraße 123	30519	Hannover		

2 Kundenliste

Lfd. Nr.	Kunden-nummer	Kundenname	Straße	PLZ	Ort	Interrad-Absatzgebiete Nr.	Gebiet (Bundesland)
24	2424	Radlager, Inh. Helga Kruse	Hänsel-und-Gretel-Weg 29a	51469	Bergisch-Gladbach		
25	2425	Radschlag GmbH	Von-der-Recke-Straße 25	45879	Gelsenkirchen		
26	2426	Radschlag Weber & Co.	Kantstraße 15	22089	Hamburg		
27	2427	Radstudio, Fahrradladen Robert Weber	Calvinstraße 12	01277	Dresden		
28	2428	Rasko KG	Lohrbergstraße 5	53177	Bonn		
29	2429	Rückenwind Theodor Schulze	Große Klostergasse 3	61169	Friedberg		
30	2430	Speedy Gonzales, Inh. Rainer Rönitz	Leester Weg 100	14165	Berlin		
31	2431	Speiche GmbH	Alte Seevestraße 1	21079	Hamburg		
32	2432	Sporthaus Hendrik Behrens	Neugrabenweg 34	66123	Saarbrücken		
33	2433	Stahlross GmbH & Co. KG	Robert-Blum-Straße 4	60385	Frankfurt/Main		
34	2434	Transvelo Behrens & Franke KG	Lönsweg 73	30457	Hannover		
35	2435	Transvelo GmbH	Lahnstraße 23	28199	Bremen		
36	2436	Velo-Laden GmbH	Lindenstraße 80	57080	Siegen		
37	2437	Velopedes GmbH	Neustädter Straße 7	20355	Hamburg		
38	2438	Velophil, Inh. Ursula Kleine	Linner Straße 56	47829	Krefeld		
39	2439	Werkhof GmbH	Donnerschweer Straße 12	26123	Oldenburg		
40	2440	Zweirad-Center H.-P. Jakst	Davoser Straße 67-69	28325	Bremen		

© Winklers 3222 Abraham : Nemeth : Schalk, interRad GmbH – Lernfeld Marketing

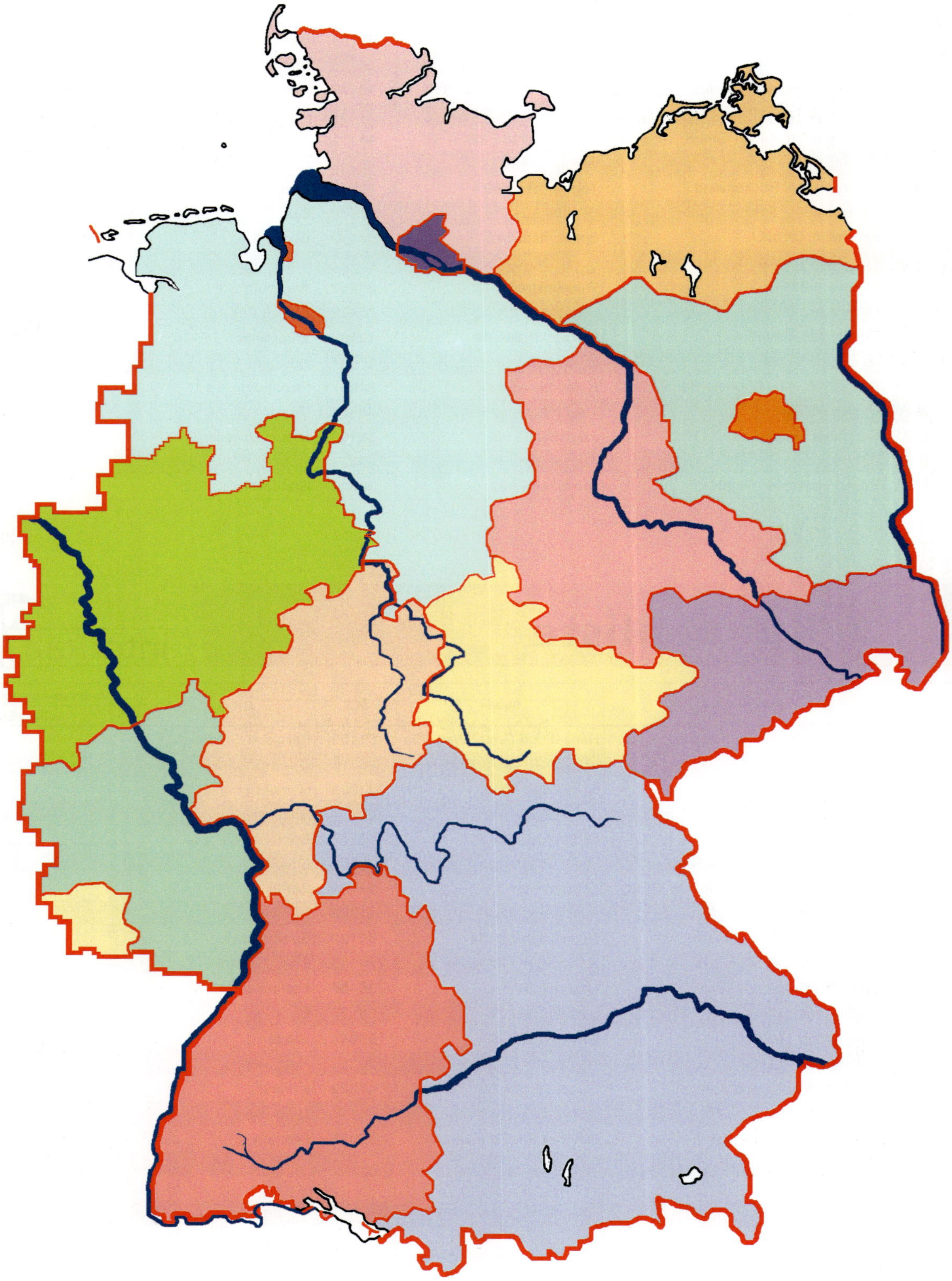

Absatzgebiete

Marketing

3 Grundbegriffe des Marketings

Arbeitsbogen **4**

Situation

Die Auswertung der Absatzstatistiken hat die Geschäftsleitung der interRad GmbH veranlasst, einige leitende Mitarbeiterinnen sowie Mitarbeiter zu einem Gespräch über die weitere Marketingpolitik zu laden. Es sollen Maßnahmen diskutiert werden, die den Absatz der interRad-Produkte fördern.

Arbeitsauftrag

Beantworten Sie mithilfe des Protokolls über das o. g. Gespräch die folgenden Fragen, um Grundbegriffe des Marketings kennen zu lernen.

1. Wie wird Marketing definiert (siehe auch Arbeitsbogen 1)?

2. Erläutern Sie den Begriff Briefing.

3. Erklären Sie den Unterschied zwischen einem Verkäufer- und einem Käufermarkt. Welche Auswirkungen haben diese Marktsituationen auf den Fahrradhandel?

4. Welche absatzpolitischen Instrumente gehören zum so genannten Marketing-Mix? Tragen Sie diese Marketinginstrumente in die nachstehende Übersicht ein.

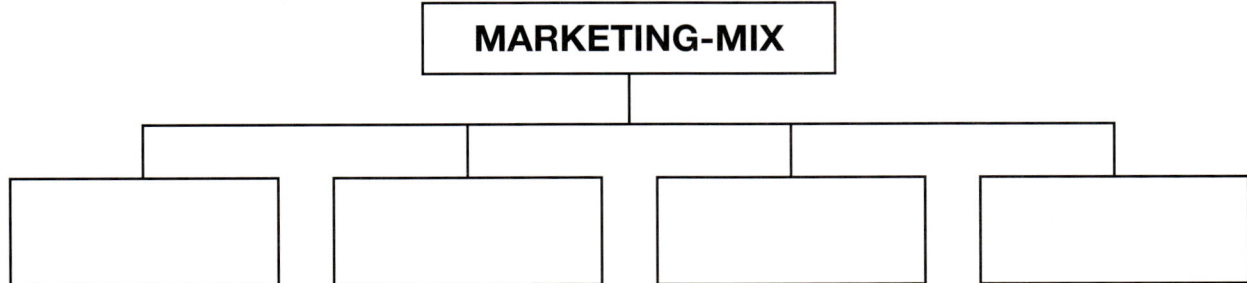

5. Erläutern Sie den Unterschied der beiden Marktforschungsarten.

6. a) Welche möglichen Maßnahmen werden zur Produkt- bzw. Sortimentspolitik genannt?

   b) Welche Möglichkeiten zur Preis- und Konditionenpolitik werden angesprochen? Überlegen Sie weitere Maßnahmen.

   c) Erläutern Sie den Begriff Distributionspolitik. Nennen Sie Beispiele für entsprechende Maßnahmen.

   d) Welche drei Bereiche der Kommunikationspolitik werden unterschieden? Nennen Sie Beispiele für Aufgaben dieser drei Bereiche.

© Winklers 3222 Abraham : Nemeth : Schalk, interRad GmbH – Lernfeld Marketing

Marketing

3 Grundbegriffe des Marketings

Arbeitsbogen 4

7. Im Gespräch wird auch die Abhängigkeit der interRad GmbH von der allgemeinen Konjunktur angedeutet. Überlegen Sie, inwiefern die allgemeine konjunkturelle Lage auch die interRad GmbH beeinflusst – speziell deren Arbeitsplätze.

Anlagen/Arbeitsunterlagen

Gesprächsprotokoll der interRad GmbH über die Marketingpolitik

Gesprächsprotokoll über das Marketing der interRad GmbH

Die Geschäftsführerin Frau Woldt hat die Abteilungsleiter/-innen Herr Hahn (Absatz), Herr Koontz (Organisation), Frau Martens (Logistik), Herr Aykoc (Produktion), Frau Bond (Marketing) und Herr Czuba (Kostenrechnung) zu einer Arbeitssitzung geladen.

Woldt:	Meine Damen und Herren, ich begrüße Sie zur heutigen Sitzung. Sie wissen, worum es geht. Wir sollten also sehr schnell zur Sache kommen. Herr Hahn, bitte.
Hahn:	Vor Ihnen liegen die Ergebnisse der Umsatz- und Absatzstatistik. Ich denke, die Aussagen sind deutlich.
Woldt:	Leider. Wir müssen also aktiv werden, ein neues Marketing-Konzept ist gefragt.
Bond:	Richtig, Frau Woldt. Und wir vom Marketing haben schon länger darauf hingewiesen. Vielleicht sollte ich doch noch einmal deutlich daran erinnern. Marketing ist eben nicht nur Werbung, sondern umfasst alle – ich betone alle – Maßnahmen, die ein Unternehmen trifft, um seinen Absatz zu organisieren bzw. zu fördern. Dazu gehört ein ganzes Bündel von möglichen Maßnahmen.
Woldt:	Deshalb muss unser Marketing-Mix, also das gesamte absatzpolitische Instrumentarium, auf den Prüfstand: unsere Preispolitik und Verkaufsbedingungen, die Distributionspolitik, die Produkt- oder Sortimentspolitik, die Kommunikationspolitik.
Czuba:	Dann mal ran an die Torte.
Hahn:	Wir haben uns viel zu lange auf unseren Lorbeeren ausgeruht, nachdem unser Stadtrad vor 2 Jahren noch als Fahrrad des Jahres prämiert worden ist.
Martens:	Heute ist es nun mal leider so, dass wir auf dem Fahrradmarkt längst keinen Verkäufermarkt mehr finden. Es ist schon lange her, dass einem knappen Angebot eine sehr große Nachfrage gegenüberstand. Wir haben im Fahrradbereich seit Jahren schon einen reinen Käufermarkt: Der Nachfrage steht nämlich heute eine wachsende Zahl von Anbietern gegenüber, die Konkurrenz ist riesig.
Aykoc:	Und diese Konkurrenz hat sich wegen der Billigimporte aus Südostasien noch gesteigert. Frau Bond, sollten wir aber nicht zunächst einmal Marktforschung betreiben, um unsere Absatzchancen besser einschätzen zu können?
Bond:	Tun wir, tun wir. Doch es gibt zwei Möglichkeiten der Marktforschung: die Marktanalyse und die Marktbeobachtung. Wir ...
Woldt:	Verzeihung, was ist denn der Unterschied?
Bond:	Marktanalyse meint die einmalige Untersuchung der Marktverhältnisse zu einem bestimmten Zeitpunkt. Eine **Zeitpunkt**betrachtung also, z. B. bei Einführung eines neuen Produktes. Die Marktbeobachtung ist dagegen eine **Zeitraum**betrachtung, die fortlaufende Untersuchung des Fahrradmarktes über eine längere Zeit.
Woldt:	Danke, aber wir sollten das jetzt nicht zu sehr vertiefen.
Czuba:	Wir sind hier ja auch nicht in der Schule.
Koontz:	Zur Auswertung der Fahrradmarktsituation haben wir m. E. genügend eigene Unterlagen – ähm – wie z. B. Vertreterberichte, Fachzeitschriften, eigene Statistiken, Veröffentlichungen des Statistischen Bundesamtes oder preisgünstige Branchenbilder von den Zeitungsverlagen über den Fahrradmarkt.
Hahn:	Es wäre aber schon hilfreich, noch mehr zur Einschätzung der Verbraucher über unsere Fahrradprodukte zu erfahren.
Woldt:	Das bedeutet doch die Einschaltung eines Marktforschungsinstituts, das in unserem Auftrag Befragungen bei Verbrauchern, Händlern usw. vornimmt, dazu eventuell noch Tests. Das ist für uns einfach zu teuer.
Bond:	Stimmt. Ich denke auch, wir haben genügend eigene Unterlagen. So etwa Statistiken, die eindeutig belegen, dass Interrad natürlich auch abhängig ist von der allgemeinen wirtschaftlichen Lage. Diese Konjunktur ist zurzeit eher rückläufig und hat somit Auswirkungen auf den Fahrradhandel. Das mag sich aber ändern.
Hahn:	Das darf aber doch nicht heißen, dass wir abwarten, bis die Konjunktur wieder günstiger ist.

Gesprächsprotokoll über das Marketing der interRad GmbH

Czuba: Keinesfalls. Wir haben ja nicht nur sinkende Umsätze, auch unsere Gewinnentwicklung ist rückläufig. Nicht mehr lange und wir müssen betteln gehen. Ich ...

Aykoc: Na, so schlimm ist es nun noch nicht. Aber – tatsächlich sind unsere Maschinen und auch Arbeitskräfte nicht voll ausgelastet.

Czuba: Unsere Leistungsfähigkeit, Kapazität werden Sie sagen, wird also ...

Aykoc: ... nicht voll genutzt, ganz richtig. Wenn das so weitergeht, droht Kurzarbeit, wenn es ganz schlimm kommt, sogar Entlassungen.

Czuba: Klar, die Bereitstellung und Wartung nicht genutzter Maschinen verursacht Kosten. Was heißt das für uns?

Woldt: Wir brauchen Konzepte, Ideen. Mein Vorschlag: Wir bilden Arbeitsgruppen, die alle vier Marketingbereiche durchdenken und Vorschläge entwickeln.

Koontz: Und alle Arbeitsgruppen sollten die Ergebnisse und Vorschläge – ähm – in einem Briefing festhalten und den anderen zur Verfügung stellen.

Martens: Briefing?

Koontz: Neudeutscher Begriff, wie so vieles im Marketingbereich. Ähm ... also die Geschäftsleitung erwartet kurze Zusammenfassungen unserer Überlegungen, in denen schon erste Vorschläge oder Lösungsideen enthalten sind.

Woldt: Eine Selbstverständlichkeit sollte sein, dass unsere Website ständig aktualisiert wird.

Martens: Sind wir ständig dabei. Der Absatz per Internet ist aber bisher eher gering. Aber es bleibt natürlich wichtig, dass wir im Internet präsent sind. Vielleicht kann die Aufmachung dort noch etwas aufgepeppt werden?

Bond: Wir arbeiten daran. Für jede Anregung sind wir dankbar.

Aykoc: Ja denn, wenn wir denn Arbeitsgruppen bilden wollen, ich denke, ich kann meine Erfahrungen wohl am besten in der Produktpolitik einbringen. Wie weit sind Veränderungen bei unseren Fahrradtypen denkbar?

Woldt: Durchdenken Sie alle Möglichkeiten, von einer technischen Ergänzung – wie etwa andere Möglichkeiten für unsere Versionen der Gang-Schaltung bei allen Fahrradtypen – bis zur Sortimentserweiterung; ich sage einmal Kinderrad oder Trekkingbike oder oder ...

Czuba: Also eher klotzen statt kleckern?

Aykoc: Das hängt natürlich auch von unseren Möglichkeiten ab. Zurzeit montieren wir für den Markt zu viele 7-Gang-Stadträder. Technisch ist es aber relativ einfach möglich, z. B. Stadträder mit anderer Schaltung in unser Programm aufzunehmen. Dagegen wären z. B. Kinderräder völlig neue Produkte für uns, was bedeutet, wir ...

Woldt: Wir sollten jetzt noch nicht Einzelheiten diskutieren.

Martens: Richtig. Aber unsere Distributionspolitik muss gleichfalls untersucht werden. Unsere jetzige Vertriebspolitik ist nicht optimal. Ich meine z. B., die regionale Verteilung unserer Händler ist nicht ausgewogen, denken Sie nur mal an Ost- oder Süddeutschland.

Woldt: Auch hier erwarte ich, dass Sie alle Bereiche unserer Verteilungs- oder Distributionspolitik angehen. Etwa die gesamte Organisation unserer Absatzwege: werkseigenes Vertriebssystem oder wie bisher Transport mithilfe einer fremden Spedition? Fahrräder über den Großhandel an die Einzelhändler oder direkt vom Werk an die Einzelhändler?

Hahn: Bei der Distributionspolitik sollten wir endlich auch wirklich überlegen, ob nur der Fachhandel oder ob nicht auch Warenhäuser und SB-Center unsere Räder verkaufen können.

Martens: Ja, wahr. Damit könnte auch unsere Preispolitik vielschichtiger werden. Warum nicht unter anderem Namen in Warenhäusern usw. billiger anbieten? So erschließen wir vielleicht auch neue Käuferschichten. Was ist mit unseren Zahlungs- oder Lieferkonditionen? Warum nicht z. B. höheren Rabatt oder Lieferung frei Haus für sehr gute Kunden?

Koontz: Das wäre Ihr Bier. Frau Bond, wir müssen uns wohl mit der Kommunikationspolitik auseinandersetzen.

Gesprächsprotokoll über das Marketing der interRad GmbH

Woldt: Gut. Nur denken Sie daran, dass der Werbeetat seine Grenzen hat. Es muss noch festgelegt werden, wie viel wir für eine Werbeaktion ausgeben können.

Czuba: Warum nicht knackig: Interrad, das beste Fahrrad in Deutschland! Oder: interrad, der Mercedes auf Deutschlands Fahrradmarkt! Ob im Osten oder Westen, interRad ist am ...

Koontz: Herr Czuba, nichts gegen Ihre Sprüche. Aber es gibt so etwas wie das Gesetz gegen den unlauteren Wettbewerb. Auch für Werbung gibt es Spielregeln. Liefern Sie doch erst einmal eine vernünftige Kostenanalyse.

Czuba: Die Kostenanalyse haben wir voll im Griff. Wir brauchen endlich ein Werbekonzept, damit sich das Lager leert.

Koontz: Das Werbekonzept wird schon maßgeschneidert sein für unsere Zielgruppe. Über diese Zielgruppen haben wir aktuelle Daten. Auf dieser Grundlage werden wir unser Konzept für die Werbeplanung entwickeln. Vielleicht – ähm - sollten wir zur Unterstützung eine Werbeagentur einschalten.

Bond: Die Vor- oder Nachteile der Unterstützung durch eine Werbeagentur müssten wir diskutieren. Auf jeden Fall müssen wir unser Werbekonzept ganz eng auf unsere Zielgruppen ausrichten.

Woldt: Vergessen Sie neben der reinen Produktwerbung nicht die Verkaufsförderung. Salespromotion halte ich für sehr wichtig.

Bond: Sicher. Bei unserer Verkaufsförderung denke ich z. B. an eine verbesserte Schulung unserer Außendienstmitarbeiter und Händler, weiter Zugaben, Werbehilfen oder gar finanzielle Anreize für die Händler bei erfolgreichem Geschäft. Ja, warum nicht auch einmal Directmailing per Post oder per E-Mail?

Czuba: Oh Gott, doch nicht etwa diese Direktwerbung mit Werbebriefen, Preisausschreiben und was weiß ich. Geht doch alles in den Müll. Außerdem nervt es, wenn ich ständig auch per E-Mail unerwünschte Post erhalte, ich denke, das ist eher kontraproduktiv.

Koontz: Das sehe ich nicht so. Unsere dritte Säule der Kommunikationspolitik neben der reinen Werbung und der Verkaufsförderung ist Publicrelations, PR – oder für Sie, Herr Czuba – Öffentlichkeitsarbeit. Eigentlich müssten wir noch als viertes den persönlichen Verkauf hinzurechnen, aber den gibt es in dieser Form ja nicht bei uns.

Czuba: Ach! Wie wärs z. B. mit Sport-Sponsoring, etwa bei der Tour de France? Da gibt es doch erfolgreiche Beispiele.

Koontz: Tja, wenn Sie es bezahlen. An Ideen wird es uns schon nicht mangeln. Interrad wird weiterhin für Qualität stehen.

Bond: Sie haben Recht, Herr Koontz. Insgesamt sind wir immer noch ganz gut aufgestellt.

Czuba: Ich liebe diese Werbesprache.

Woldt: Ein gutes Marketing hilft uns allen. Ich bin sicher, ohne ein gutes Marketing ist heute kein Mittelstandsbetrieb erfolgreich.

Bond: Wir sollten sowohl eine strategische - soll heißen langfristige - Marketingplanung als auch eine kurzfristig orientierte operative Marketingplanung im Auge behalten. Wir brauchen neben einem eher kurzfristigen Aktionsprogramm auch die langfristige Perspektive für ein erfolgreiches Angebotsprogramm.

Woldt: Vielleicht können wir uns ja auch wirklich zu sehr günstigen Bedingungen die Hilfe einer Werbeagentur leisten. Fangen wir also an.

Aykoc: Vor allem auch im Interesse unserer Arbeitsplätze. Unser Betriebsrat hat da so seine Sorgen.

Marketing

4 Analyse des Fahrradmarktes und der Zielgruppe

Arbeitsbogen 5

Situation

Auf der Arbeitssitzung wurde festgelegt, dass mithilfe der vorhandenen Unterlagen aus der Marktforschung eine Untersuchung des Fahrradmarktes sowie eine Analyse der Zielgruppe erstellt werden soll.

Arbeitsauftrag

1. Erläutern Sie, warum die interRad GmbH an einer genauen Untersuchung des Fahrradmarktes in der Bundesrepublik Deutschland interessiert sein muss.

2. Begründen Sie, warum die Geschäftsleitung der interRad GmbH eine exakte Analyse der Zielgruppe erwartet.

3. a) Beschreiben Sie anhand der Grafik „Kleineren Gang eingelegt" aus dem „Branchenbild Zweiräder" (siehe Anlage), wie sich die inländische Produktionsmenge, der Import sowie der Export entwickelt haben.

   b) Überlegen Sie, welche Ursachen für diese Entwicklung verantwortlich sind.

4. Im bundesdeutschen Fahrradmarkt ging der Absatz der Rennräder, Mountainbikes und Stadträder in etwa gleichmäßig zurück. Nach Angaben des Statistischen Bundesamtes in Wiesbaden wurden im Jahr 2003 insgesamt ca. 5,3 Millionen Fahrräder abgesetzt.

   a) Vergleichen Sie diese Entwicklung mit der Absatzentwicklung der interRad GmbH im letzten Jahr (siehe „Absatzstatistik Fahrräder insgesamt", Anlage zum Arbeitsbogen 2).

   b) Errechnen Sie den Marktanteil der interRad GmbH (Grundlage: Gesamtabsatz der interRad GmbH) an dem gesamten bundesdeutschen Absatz.

   c) Bewerten Sie die Stellung der interRad GmbH auf dem deutschen Fahrradmarkt. Gehen Sie dabei insbesondere auf die Möglichkeit der interRad GmbH ein, mit ihrem Marktanteil die Preisbildung auf dem Fahrradmarkt zu beeinflussen.

5. In dem „Branchenbild Zweiräder" (siehe Anlage) wird die weitere erwartete Entwicklung auf dem deutschen Fahrradmarkt dargestellt (Branchenerwartungen).

   a) Beschreiben Sie die erwartete kurzfristige Entwicklung auf dem deutschen Fahrradmarkt.

   b) Welche langfristige Entwicklung wird auf dem Fahrradmarkt erwartet? Nennen Sie die Gründe für diese erwartete Entwicklung.

Marketing

4 Analyse des Fahrradmarktes und der Zielgruppe

Arbeitsbogen **5**

6. Für ein zielgruppengerechtes Marketing soll aufgrund der vorliegenden Materialien die Zielgruppe für das Trekkingbike ermittelt werden. Als Hilfsmittel stehen Ihnen dafür zur Verfügung:

   – Das Branchenbild des Verlages Gruner+Jahr AG & Co. „Stadtrad, Mountainbike, Trekkingbike: Besitz und Kaufpläne", Auszug von 2 Seiten: 8 und 9.

   – Planungshilfe „Zielgruppe Trekkingbike".

   a) Ermitteln Sie:

      – Wie sind Besitz und Kaufpläne für das Trekkingbike verteilt zwischen Ost- und Westdeutschland, zwischen Frauen und Männern?

      – Versuchen Sie, eine Erklärung für diese Unterschiede zu finden.

      – Welche Folgerung ziehen Sie aus diesen Unterschieden für eine mögliche Werbekampagne?

   b) Tragen Sie in Ihre Planungshilfe „Zielgruppe – Trekkingbike" für die im Branchenbild genannten Merkmale (Altersgruppen, Lebensphasen usw.) die am meisten genannten Gruppen im entsprechenden Feld „Beschreibung" ein. Berücksichtigen Sie dabei vor allem die Kaufabsichten.

   c) Stellen Sie in einer kurzen Beschreibung die mögliche Zielgruppe für eine Werbekampagne für das Trekkingbike zusammen.

Anlagen/Arbeitsunterlagen

Überarbeiteter Auszug „G+J Branchenbild Zweiräder Gruner+Jahr Marktanalyse, Stadtrad, Mountainbike, Trekkingbike: Besitz und Kaufpläne", S. 8 – 9, Hamburg
Grafik „Deutscher Fahrradmarkt", G+J Marktanalyse, S. 2
Auszug „Branchenerwartungen", G+J Marktanalyse, S. 32
Planungshilfe „Zielgruppe Trekkingbike"
Absatzstatistik Fahrräder der interRad GmbH* – Seite 15

**Marktanalyse
Branchenbild**

G+J Gruner+Jahr AG & Co
Druck- und Verlagshaus

Stadtrad (Nabenschaltung), Mountainbike, Trekkingbike: Besitz und Kaufpläne (in %) — Seite 8

Kriterium/Merkmal	Insgesamt Personen in Mio.	Stadtrad Nabenschaltung – Besitz im Haushalt in %	Stadtrad Nabenschaltung – Kaufplan in den nächsten 1–2 Jahren (%)	Mountainbike 21- und 27-Gang – Besitz im Haushalt in %	Mountainbike 21- und 27-Gang – Kaufplan in den nächsten 1–2 Jahren (%)	Trekkingbike – Besitz im Haushalt in %	Trekkingbike – Kaufplan in den nächsten 1–2 Jahren (%)
Bevölkerung ab 14 Jahren	63,25	16,7	2,0	13,4	2,6	18,0	3,0
Westdeutschland	50,39	19,0	3,1	14,0	2,7	21,0	4,0
Ostdeutschland	12,86	7,8	2,6	11,0	2,3	9,9	3,1
Männer	29,90	19,3	2,1	15,5	3,2	19,5	4,5
Frauen	33,25	14,4	4,8	11,4	2,1	16,5	3,5
Altersgruppen							
14 – 19 Jahre	4,41	8,1	2,7	40,3	5,5	7,0	3,0
20 – 29 Jahre	10,78	21,9	6,2	18,1	4,7	24,5	6,5
30 – 39 Jahre	11,15	22,4	4,8	17,8	3,9	24,3	6,2
40 – 49 Jahre	9,36	18,1	2,3	17,4	2,5	20,1	4,5
50 – 59 Jahre	11,18	15,6	1,4	7,6	1,6	13,1	2,7
60 – 69 Jahre	8,29	8,6	0,7	2,1	0,4	6,5	1,0
70 Jahre und älter	8,09	1,8	0,4	1,0	0,4	2,0	0,4
Lebensphasen							
Junge Unverheiratete	12,00	18,3	2,9	25,6	5,0	20,1	2,7
Junge Paare ohne Kinder	5,15	20,1	3,0	18,7	4,1	25,2	3,0
Junge Familie	7,19	26,1	6,3	16,6	4,6	18,9	2,5
Fam., nur ältere Kinder	5,90	22,3	2,8	24,0	3,2	17,5	3,0
Nur Erwachsene, 40 - 59 J.	13,43	17,6	1,5	10,6	1,5	19,4	2,1
Nur Erwachsene, über 60	9,72	7,6	0,7	1,7	0,4	9,0	1,5
Ältere Unverheiratete	9,86	4,7	0,7	2,3	0,8	8,5	1,7
Schulbildung							
Hauptschule ohne Lehre	10,55	10,8	1,1	10,3	2,0	11,5	1,7
Hauptschule mit Lehre	22,21	14,7	1,4	10,5	2,0	9,0	1,0
Höhere Schule o. Abitur	18,55	19,4	2,5	17,1	3,4	20,2	2,3
Hochschulreife, Abitur, Studium	11,94	21,5	2,9	15,6	3,1	27,1	2,7

© Winklers 3222 Abraham : Nemeth : Schalk, interRad GmbH – Lernfeld Marketing

**Marktanalyse
Branchenbild**

G+J

Gruner+Jahr AG & Co
Druck- und
Verlagshaus

Stadtrad (Nabenschaltung), Mountainbike, Trekkingbike: Besitz und Kaufpläne (in %) — Seite 9

Kriterium/Merkmal	Insgesamt Personen in Mio.	Stadtrad Nabenschaltung Besitz im Haushalt in %	Kaufplan in den nächsten 1–2 Jahren (%)	Mountainbike 21- und 27-Gang Besitz im Haushalt in %	Kaufplan in den nächsten 1–2 Jahren (%)	Trekkingbike Besitz im Haushalt in %	Kaufplan in den nächsten 1–2 Jahren (%)
Tätigkeit							
Schüler, Student	4,19	29,0	2,9	37,2	5,3	31,0	3,2
In Berufsausbildung	1,77	26,0	2,9	29,7	5,6	23,0	1,9
Hausfrau mit Kind(ern)	10,19	33,2	6,5	7,8	1,2	18,0	2,0
Berufstätig	31,46	20,3	2,6	15,2	3,3	31,0	4,8
Arbeitslos	3,54	13,4	1,8	9,8	1,9	12,0	0,3
Andere Erwerbsfähige	6,64	17,0	1,7	14,2	1,9	15,0	1,2
Rentner, Ruhestand	15,64	5,8	0,5	1,8	0,7	5,7	0,8
Berufskreise							
Selbstständige, Freier Beruf	5,14	17,4	1,6	14,1	1,7	21,0	4,0
Landwirte	1,28	7,6	0,4	4,3	0,5	4,5	0,5
Leitende Angestellte und Beamte	9,17	21,7	3,6	16,7	3,2	22,8	4,0
Sonstige Angestellte und Beamte	24,72	18,2	3,0	14,1	2,5	20,4	3,2
Facharbeiter	14,55	15,0	2,9	13,1	3,0	20,1	2,2
Sonstige Arbeiter	8,39	10,7	1,6	8,9	2,5	16,5	1,2
Haushaltsnettoeinkommen in Euro							
unter 1.000	9,7	6,6	1,0	5,2	1,6	2,4	0,3
1.000 bis 1.500	14,5	11,8	1,6	8,7	2,4	4,7	1,0
1.500 bis 2.000	15,0	17,0	2,2	14,3	2,9	20,4	2,1
2.000 bis 2.500	9,6	21,2	4,6	15,4	3,2	24,5	4,6
2.500 bis 3.000	6,5	22,7	3,4	19,1	3,3	24,5	4,3
3.000 und mehr	8,0	26,8	2,3	22,8	2,8	20,4	4,0

Marktanalyse
Branchenbild

G+J Gruner+Jahr AG & Co
Druck- und Verlagshaus
Hamburg

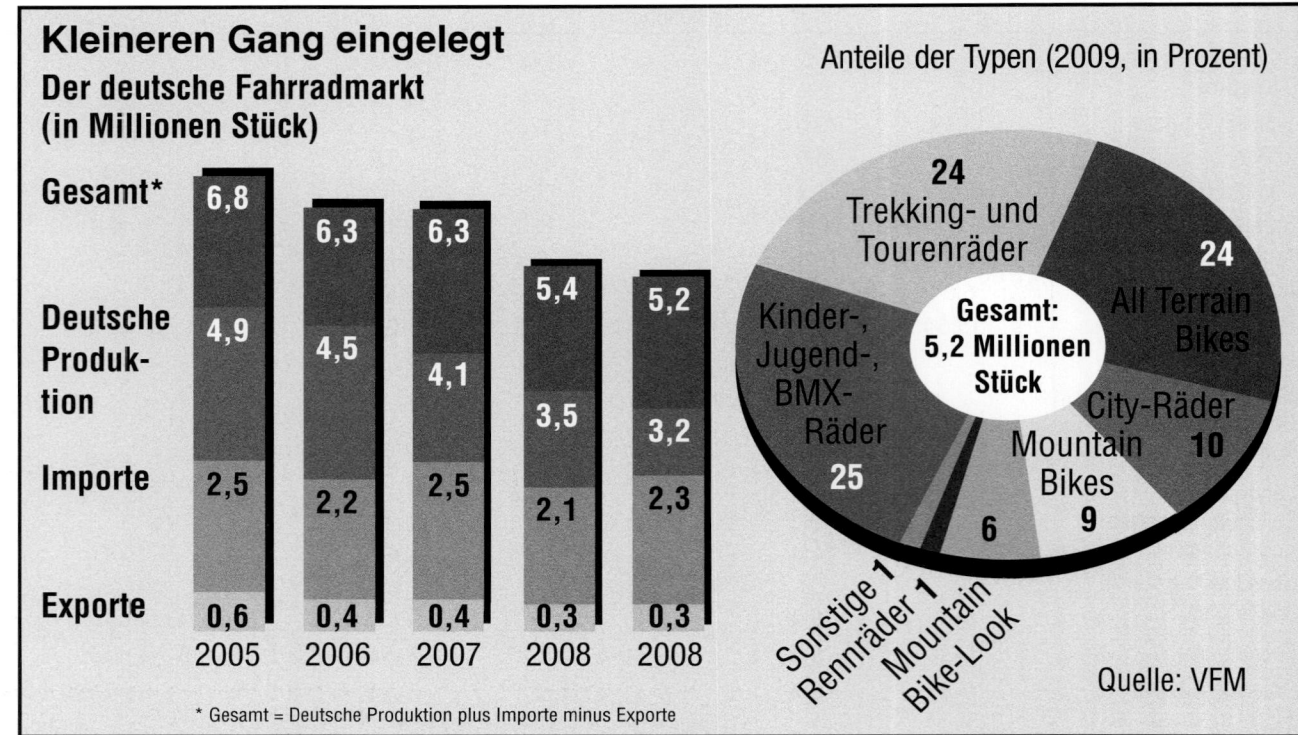

Branchenerwartungen

Im Fahrradmarkt ist ab 2009 wieder eine leicht wachsende Nachfrage festzustellen. In der Folge werden eine weiter voranschreitende Produktdifferenzierung, neue Marketingkonzepte zum Zwecke engerer Markenbindungen und Niedrigpreisstrategien das Geschehen auf der Anbieterseite prägen. Insgesamt muss sich die Branche auf einen härteren Konkurrenzkampf einstellen. Räder zu Discountpreisen werden dem Fachhandel weiterhin das Leben schwer machen und weitere Marktanteilsverluste bringen.

Langfristig werden gute Absatzchancen für Fahrräder in der Bundesrepublik Deutschland gesehen. Gegenwärtig liegt der Anteil an allen durchgeführten Wegen bei 10 %. Da die Hälfte aller PKW-Fahrten im 5-km-Radius zurückgelegt werden, erscheinen bei zunehmenden Verkehrsengpässen – entsprechende Verhaltensänderungen vorausgesetzt – Anteilswerte für das Fahrrad an den Wegen von 20 % in Großstädten und bis zu 40 % in Mittelstädten durchaus realistisch. Hier schlummern noch bedeutende Nachfragepotenziale.

Werbeaktion „INTER-EXTRA-TOUR"

Werbeagentur Petzold + Runge

Planungshilfe: Zielgruppe (Trekkingbike)

Kriterien	Beschreibung
Altersgruppen	
Lebensphasen	
Schulbildung	
Tätigkeit	
Berufskreise	
Haushaltseinkommen	
Weitere Besonderheiten	

Marketing

5 Produkt-, Preis- und Distributionspolitik

Arbeitsbogen **6**

Situation

Gemäß dem Auftrag der Marketingkonferenz untersucht eine Planungsgruppe absatzpolitische Maßnahmen aus den Bereichen der Produkt,- Preis- und Distributionspolitik. Eine erste Sitzung der Planungsgruppe hat inzwischen stattgefunden. Ein Protokoll liegt vor.

Arbeitsauftrag

1. Die interRad GmbH überdenkt ihre bisherige Produktionspalette (Typenportfolio).

   a) Erläutern Sie die Vorschläge der Planungsgruppe zur Produktpolitik.

   b) Nennen Sie mögliche Gründe, warum die interRad GmbH ihre Produkte variieren will.

2. Für die Version des 7-Gang-Stadtrads will die interRad GmbH unterschiedliche Preise auf verschiedenen Teilmärkten verlangen.

   a) Erläutern Sie die Vorschläge der Planungsgruppe zur Preispolitik.

   b) Untersuchen Sie, ob sich die Preise für Fahrräder räumlich differenzieren lassen. Beschreiben Sie in diesem Zusammenhang die Unterschiede in der Verbraucherstruktur und im Freizeitverhalten zwischen West- und Ostdeutschland. Als Hilfsmittel stehen Ihnen Auszüge aus der Marktanalyse „Branchenbild Zweiräder" und das Protokoll der Planungsgruppe zur Verfügung.

   c) Die 7-Gang-Version des Stadtrads soll sowohl als Markenartikel zum Listenpreis als auch als „No-Name-Produkt" mit einem gegenüber dem Listenpreis reduzierten Preis in der ganzen Bundesrepublik Deutschland verkauft werden. Erläutern Sie die Begriffe „Markenartikel" und „No-Name-Produkt".

   d) Sammeln Sie Argumente für und gegen die Marketingmaßnahme, die 7-Gang-Version des Stadtrads auch als „No-Name-Produkt" anzubieten.

   e) Erfinden Sie einen neuen Namen für das „No-Name-Fahrrad", bei dem man nicht auf die interRad GmbH schließen kann.

Marketing

5   Produkt-, Preis- und Distributionspolitik

Arbeitsbogen **6**

3. Der Vertrieb der Produkte der interRad GmbH erfolgte bisher ausschließlich über den Fachhandel. Im Zusammenhang mit der neuen Version des Stadtrades und der Einführung des Trekkingbikes erörtert die interRad GmbH auch andere Formen der Distributionspolitik, wie z. B. Vertrieb über Warenhäuser und Verbrauchermärkte.

   a) Erläutern Sie die Vorschläge der Planungsgruppe zur Distributionspolitik.

   b) Beschreiben Sie den bisherigen Vertriebsweg der interRad GmbH. Gehen Sie in Ihrer Darstellung auch auf die Hintergründe für diesen Absatzweg ein (vgl. Informationsblatt der interRad GmbH).

   c) Vergleichen Sie die Kostenstruktur eines Fahrradfachgeschäfts mit der eines Verbrauchermarkts auf der „grünen Wiese" (Personal-, Service-, Finanzierungskosten).

   d) Beschreiben Sie mithilfe der Auszüge aus der Marktanalyse „Branchenbild Zweiräder" die Veränderungen der Vertriebswege auf dem deutschen Fahrradmarkt im letzten Jahr.

   e) Bewerten Sie die Erfolgsaussichten der von der Planungsgruppe vorgeschlagenen Maßnahmen zur Distributionspolitik.

Anlagen/Arbeitsunterlagen

Ergebnisprotokoll der Sitzung der Planungsgruppe Produkt-, Preis- und Distributionspolitik vom 20..-10-27
Auszug Marktanalyse „Branchenbild Zweiräder", Verlag Gruner+Jahr
Informationsblatt der interRad GmbH* – siehe Seiten 8 und 9

ERGEBNISPROTOKOLL

Besprechung der Planungsgruppe Produkt-, Preis- und Distributionspolitik (PPD)

Thema: Marketing-Maßnahmen im Bereich der Produkt-, Preis- und Distributionspolitik

Datum: 20..-10-27
Zeit: 10:00 bis 13:00 Uhr
Ort: Besprechungsraum der Abteilung Absatz
Teilnehmer: Siehe Anwesenheitsliste
Gesprächsleitung: Herr Hahn, Abteilungsleiter Absatz
Protokoll: Frau Richter

Tagesordnung:

1. Auswertung der Marketing-Analyse „Branchenbild Zweiräder" von Gruner+Jahr
2. Planungsgrößen der Geschäftsleitung zur Produktion
3. Einschätzung der derzeitigen Marktlage
4. Vorschläge der Planungsgruppe PPD

Zu Punkt 1

Herr Hahn berichtet über die Marketing-Analyse aus dem Verlag Gruner+Jahr (Branchenbild Zweiräder). Diese Marketing-Analyse sowie die Auswertung der Planungsgruppe PPD sind als Anlage beigefügt.

Zu Punkt 2

Die Geschäftsleitung hat folgende Plangrößen vorgeschlagen:

- Sowohl die Produktionszeiten als auch der Produktionsumfang für das Mountainbike und das Rennrad sollen unverändert bleiben;
- Die Jahresproduktionsmenge für alle Stadträder soll 24 000 Stück betragen, wobei maximal 6 000 Stück auf das 7-Gang-Stadtrad entfallen sollen. Bei diesen Stückzahlen wäre die Produktionskapazität optimal ausgelastet;
- Ergänzend soll die Produktpalette der interRad-GmbH um das Trekkingbike ergänzt werden, da zukünftig hier eine steigende Nachfrage zu erwarten ist, siehe auch die Zielgruppenanalyse. Dagegen scheint bei den Stadträdern der Absatz langfristig eher zu stagnieren.

Zu Punkt 3

Die derzeitige Marktlage wird wie folgt eingeschätzt:

- Es sind die gesamtwirtschaftlichen Rahmendaten der Gruner+Jahr-Analyse zu berücksichtigen.
- Die Haushalte sind weitgehend mit Fahrrädern versorgt. Es geht daher eher darum, Anreize für die Kunden zu schaffen, verbesserte Produkte anstelle ihrer alten Räder zu nutzen.
- Als technische Weiterentwicklung hat sich das 7-Gang-Stadtrad am Markt durchgesetzt.

- Ein hoher Endverkaufspreis wird zurzeit vom Verbraucher für dieses Produkt akzeptiert.
- Im Marktbereich für Stadträder unter 600,00 € lassen sich besonders in den neuen Bundesländern noch größere Mengen absetzen.
- Eine Preissenkung für unsere Stadträder würde allerdings dem Image unserer Marke und auch den Fachhändlern mit unseren hochwertigen Artikeln schaden, ein weiterer Absatzrückgang wäre zu befürchten.
- Die regionale Verteilung unserer Vertragshändler ist nicht ausgewogen.
- Es ist zu erwarten, dass sich das Trekkingbike weiter etablieren wird. Entsprechende Einschätzungen gab es auch auf der Fachmesse IFMA in Köln. Hier lässt sich auch eine relativ eindeutige Zielgruppe ausmachen (siehe Zielgruppenanalyse).

Zu Punkt 4

Folgende vorläufige Vorschläge der Planungsgruppe PPD wurden beschlossen:

- Die Produktpalette der interRad soll durch ein Trekkingbike mit 27-Gangschaltung ergänzt werden, denn Trekkingbikes ergänzen in idealer Weise die Produktpalette der interRad GmbH.
- Der Vertrieb dieses neuen Modells soll unter dem Namen interRad über den Fachhandel mit entsprechender Beratung erfolgen.
- Es sind umgehend Marketingmaßnahmen für das Trekkingbike anzugehen, die die Zielgruppenbeschreibung berücksichtigen, die verschiedene Möglichkeiten des Marketings filtert – Werbeplanung, Mediamix, Maßnahmen zur Verkaufsförderung, Werbeanzeigen sowie die Direktwerbung über E-Mail und Werbebrief. Dazu sollten möglichst bald entsprechende Arbeitsgruppen gebildet werden, die regelmäßig der Planungsgruppe PPD berichten.
- Stadträder (7-Gang) sollten ergänzend als No-Name-Produkte zu einem Preis unter 600,00 € angeboten werden. Allerdings nicht über den Fachhandel, sondern ohne Beratungsleistung von Verbrauchermärkten und Kaufhäusern.
- Um diese Preise bieten zu können, sollen wenige hochwertige Einzelteile bekannter Firmen durch preiswertere Fremdbauteile ersetzt werden (z. B. die Schaltung und Bereifung).
- Es ist zu prüfen, ob der Vertrieb auch über große Versandhäuser erfolgen kann.
- Vor allem in Ostdeutschland sollen neue Vertragshändler gewonnen werden, um das bundesdeutsche Händlernetz räumlich ausgewogener zu gestalten und somit neue Absatzmärkte zu gewinnen.
- Bei der Auswahl der Fachhändler sollen wie bisher strenge Maßstäbe angelegt werden, um unseren hohen Interrad-Ansprüchen zu genügen (Fachberatung, Servicebereich, Probleme der Finanzierung).

Protokoll
20..-10-27

Besprechungsleitung
20..-10-27

Anlagen
Anwesenheitsliste
Marktanalyse „Branchenbild Zweiräder", Verlag Gruner+Jahr

Marktanalyse

G+J Gruner+Jahr AG & Co
Druck- und Verlagshaus
Hamburg

Branchenbild Zweiräder

Nr. 29 Stand: September 20..

Auszug Punkt 2 „Die Verbraucher"
Die motorisierten Zweiräder und das Fahrrad werden in der Bundesrepublik an einem durchschnittlichen Wochentag nur von einer kleinen Bevölkerungsgruppe genutzt. Nur 1 % der Westdeutschen und 2 % der Ostdeutschen legen Wege zur Arbeit, zur Schule, zum Ausbildungsplatz, zum Einkaufen oder zur Ausübung der Freizeitaktivitäten mit dem Motorrad, Mofa oder Roller zurück. Mit einem Fahrrad fahren an einem Durchschnittstag 12 % der über 14-Jährigen in den alten Bundesländern. In den neuen Bundesländern liegt dieser Anteil bei 10 %. Fortbewegungsmittel Nr. 1 ist eindeutig das Auto mit durchschnittlichen Nutzungsanteilen von 50 % in West- und 43 % in Ostdeutschland.

Verkehrsmittelnutzung (in %)

	WEST	OST
Zu Fuß	28	34
Fahrrad	12	10
Motorisiertes Zweirad	1	2
PKW-Fahrer	44	38
PKW-Mitfahrer	6	5
ÖPNV	9	11

Quelle: Spiegel-Dokumentation: „Auto, Verkehr und Umwelt"

Im Wochenverlauf ändert sich die Struktur der Verkehrsmittelnutzung. In den neuen Bundesländern sind am Wochenende weniger Menschen per Fahrrad unterwegs als an einem Werktag. Auch der Nutzeranteil für motorisierte Zweiräder ist geringfügig kleiner als an Werktagen. In Westdeutschland ist die Bereitschaft, am Wochenende auch das Fahrrad zu nutzen, deutlich höher.

© G + J-Branchenbild Zweiräder Gruner + Jahr Marktanalyse

Marktanalyse	Gruner+Jahr AG & Co
G+J	Druck- und Verlagshaus Hamburg

Branchenbild Zweiräder

Auszug Punkt 2.2 „Verbraucherstrukturen bei Fahrrädern"

Von den 51,02 Mio. Deutschen zwischen 14 und 64 Jahren fährt nach Ergebnissen der Stern-Untersuchung Marken-Profile 5 ein Drittel in der Freizeit nie oder selten Fahrrad. Ein weiteres Drittel steigt gelegentlich auf den Drahtesel und knapp ein Viertel ist häufig mit dem Rad unterwegs. Ein Zehntel – absolut 5,09 Mio. Personen – fahren „sehr häufig" Rad. Auffällig im Ost-West-Vergleich ist der in den neuen Bundesländern um 10 % höhere Anteil der Fahrradmuffel. Beliebter als im Westen der Bundesrepublik sind bei den Ostdeutschen dagegen Auto-/Motorradausflüge. Den 43 % Ausflüglern im Osten, die häufig oder sehr häufig motorisiert unterwegs sind, stehen im Westen nur 26 % gegenüber.

Auszug Punkt 3 „Die Vertriebswege"

Beim Fahrradabsatz führte der Verdrängungs- und Preiswettbewerb zu strukturellen Veränderungen der Vertriebswege. Die Verbrauchermärkte auf der grünen Wiese, die Fahrräder zu Discountpreisen anbieten, konnten ihren Marktanteil 20.. um 5 Prozentpunkte auf 35 % steigern. Der Fahrradfachhandel musste dagegen erneut einen Anteilsverlust – dieses Mal von 3 Prozentpunkten – auf das neue Rekordtief von 42 % hinnehmen. Gegenwärtig gibt es in Deutschland ca. 6 000 Fahrradhändler, von denen die meisten auch eine eigene Reparaturwerkstatt betreiben. Auf einen Anteil von 9 % kam 20.. der Versandhandel, während über die City-Warenhäuser 7 % aller verkauften Fahrräder ihren Weg zum Endverbraucher fanden.

Auszug Punkt 6 „Branchenerwartung"

Im Fahrradmarkt ist ab 20.. wieder eine wachsende Nachfrage festzustellen. In der Folge werden eine weiter voranschreitende Produktdifferenzierung, neue Marketingkonzepte zum Zwecke engerer Markenbindung und Niedrigpreisstrategien das Geschehen auf der Anbieterseite prägen. Insgesamt muss sich die Branche auf einen härteren Konkurrenzkampf einstellen. Räder zu Discountpreisen werden dem Fachhandel weiterhin das Leben schwer machen und weitere Verluste bringen.

Langfristig werden gute Absatzchancen für Fahrräder in der Bundesrepublik Deutschland gesehen. Gegenwärtig liegt der Anteil des Fahrrades an allen durchgeführten Wegen bei 10 %. Da die Hälfte aller Pkw-Fahrten im 5-km-Radius zurückgelegt werden, erscheinen bei zunehmenden Verkehrsengpässen – entsprechende Verhaltensveränderungen vorausgesetzt – Anteilswerte für das Fahrrad an den Wegen von 20 % in Großstädten und bis zu 40 % in Mittelstädten durchaus realistisch. Hier schlummern noch bedeutende Nachfragepotenziale.

G + J-Branchenbild Zweiräder Gruner + Jahr Marktanalyse

Marketing

6 Exkurs Preisdifferenzierung
6.1 Deckungsbeitragsrechnung

Arbeitsbogen **7**

Situation

Wegen des stark rückläufigen Absatzes der Stadträder in den vergangenen Jahren ist es zu erheblichen Überkapazitäten im Bereich der Maschinennutzung und im Personaleinsatz gekommen. Die Vorschläge der Planungsgruppe zur Produkt,- Preis- und Distributionspolitik sollen dazu beitragen, die Produktion der interRad GmbH wieder voll auszulasten.

Zunächst wird für das **Damen-Stadtrad mit 07-Gang-Schaltung** für das Jahr …4 eine Deckungsbeitragsrechnung durchgeführt. Dadurch kann festgestellt werden, wie sich die gegenüber den Plandaten verminderte tatsächliche Auslastung der Produktion (Realdaten) auf den Betriebserfolg (Gewinn und Verlust) auswirkt.

Dazu hat die Betriebsbuchhaltung die Kosten in proportionale Kosten (Herstellungskosten wie z. B. Rohstoffverbrauch) und in fixe Kosten (z. B. Verwaltungskosten) zerlegt. Die Herstellungskosten pro Stück sind fest, d. h., die Herstellungskosten insgesamt verändern sich je nach Produktionsmenge proportional. Sie sind also variabel. Die Fixkosten insgesamt liegen unabhängig von der tatsächlichen Produktionsmenge fest (z. B. Mieten).

Für die Plangröße von 6 000 Rädern, was einer Kapazitätsauslastung von 100 % entspricht, wurde bereits eine Deckungsbeitragsrechnung durchgeführt (vgl. Anlage Formular „Stadtrad, 07-Gang-Schaltung, Markenartikel interRad, Kalkulation 1").

Arbeitsauftrag

Stellen Sie den Plandaten die Realdaten gegenüber. Führen Sie dazu für die tatsächliche Absatzmenge eine Deckungsbeitragsrechnung durch (Bereich Kalkulation 2).

1. Nennen Sie Beispiele für typische Fixkosten und für typische variable Kosten.

2. Ermitteln Sie aus der Verkaufsstatistik für das Jahr …4 die Anzahl der abgesetzten Damen-Stadträder, 07-Gang-Schaltung. Dieser Wert entspricht der tatsächlichen Produktion in Stück. Tragen Sie die Absatzmenge in die Zeile Kalkulationsmenge (Stück) im Bereich „Realdaten" ein.

3. Berechnen Sie die Auslastung der Produktionskapazität in Prozent und tragen Sie den Wert in das Feld „Produktionsanteil" ein.

4. Führen Sie die **IST-Stückrechnung** durch (vgl. SOLL-Stückrechnung).

    a) Übertragen Sie den Listenpreis in das Feld „Verkaufserlöse".

    b) Übertragen Sie die Herstellungskosten pro Stück (variabel) in das Feld „Herstellungskosten".

Marketing

6 Exkurs Preisdifferenzierung

6.1 Deckungsbeitragsrechnung

Arbeitsbogen 7

4. c) Ermitteln Sie den Deckungsbeitrag 1, indem Sie die Herstellungskosten vom Verkaufserlös abziehen.

   d) Errechnen Sie die Fixkosten pro Stück, indem Sie die „fixen Kosten insgesamt" durch die Kalkulationsmenge dividieren.

   e) Stellen Sie den Betriebserfolg, d. h. den Gewinn oder Verlust, fest.

   f) Addieren Sie die Herstellungskosten und die Fixkosten. Tragen Sie den errechneten Wert in das Feld „Gesamtkosten" ein. Füllen Sie abschließend das Feld „Kosten pro Stück" aus.

5. Führen Sie die **IST-Gesamtrechnung** durch (vgl. SOLL-Gesamtrechnung).

   a) Errechnen Sie die Verkaufserlöse, indem Sie die Kalkulationsmenge mit dem Listenpreis multiplizieren.

   b) Ermitteln Sie die Herstellungskosten, indem Sie die Herstellungskosten pro Stück mit der Kalkulationsmenge multiplizieren.

   c) Ermitteln Sie den Deckungsbeitrag 1, indem Sie die Herstellungskosten von den Verkaufserlösen abziehen.

   d) Übertragen Sie die fixen Kosten insgesamt in die Spalte „Fixkosten".

   e) Stellen Sie den Betriebserfolg fest.

   f) Addieren Sie die Herstellungskosten und die Fixkosten. Tragen Sie den errechneten Wert in das Feld „Gesamtkosten" ein.

6. Füllen Sie abschließend das Feld „Kosten pro Stück" aus. Dividieren Sie dazu die Gesamtkosten durch die Kalkulationsmenge.

7. Vergleichen Sie die SOLL-Rechnungen mit den IST-Rechnungen und erklären Sie die Unterschiede. Gehen Sie dabei insbesondere auf den Deckungsbeitrag 1, die fixen Kosten und den Betriebserfolg ein.

8. Fertigen Sie eine Kurve im Koordinatensystem an, die den Verlauf der fixen Stückkosten zeigt. Die Kapazitätsgrenze liegt bei 6000 Stück. Beschreiben Sie den Verlauf der Kurve und erläutern Sie das Gesetz der Massenproduktion.

Anlagen/Arbeitsunterlagen

Verkaufsstatistik Stadträder der interRad GmbH* – siehe Seite 14
Formular „Markenartikel interRad, Stadtrad, 07-Gang-Schaltung"

Markenartikel interRad
Stadtrad, 07-Gang-Schaltung

Basisdaten	PLANDATEN
Vertrieb unter Name	"Interrad" 07-Gang (Markenartikel)
Listenpreis	689,00 €
Herstellungskosten pro Stück (variabel)	505,00 €
fixe Kosten insgesamt	750.000,00 €

Kalkulation 1	PLANDATEN
Kalkulationsmenge (Stück)	6 000
Kalkulationsgrundlage	Vollauslastung der Produktion
Produktionsanteil (6 000 Stück =100 %)	100 %

	SOLL-Stückrechnung	SOLL-Gesamtrechnung
Verkaufserlöse (Menge · Listenpreis)	689,00 €	4.134.000,00 €
− Herstellungskosten	505,00 €	3.030.000,00 €
= Deckungsbeitrag 1	184,00 €	1.104.000,00 €
− fixe Kosten	125,00 €	750.000,00 €
= Betriebserfolg	59,00 €	354.000,00 €
Gesamtkosten	630,00 €	3.780.000,00 €
Kosten pro Stück	630,00 €	630,00 €

Kalkulation 2	REALDATEN
Kalkulationsmenge	4 000 Stück
Kalkulationsgrundlage	Tatsächliche Absatzmenge
Produktionsanteil (6 000 Stück =100 %)	

	IST-Stückrechnung	IST-Gesamtrechnung
Verkaufserlöse (Menge · Listenpreis)		
− Herstellungskosten		
= Deckungsbeitrag 1		
− fixe Kosten		
= Betriebserfolg		
Gesamtkosten		
Kosten pro Stück		

Marketing

6 Exkurs Preisdifferenzierung
6.2 Listenverkaufspreise überprüfen

Arbeitsbogen **8**

Situation

Es ist geplant, das Damen-Stadtrad mit 07-Gang-Schaltung zu unterschiedlichen Preisen als Markenartikel interRad und No-Name-Produkt zu vertreiben. Diese Maßnahme wird durch Deckungsbeitragsrechnungen abgesichert. Damit soll geprüft werden, ob sich eine solche Preisdifferenzierung lohnt.

Die Produktionsanlagen der interRad GmbH sind bei 6 000 Stück voll ausgelastet. Von dem Markenartikel interRad lassen sich voraussichtlich aber nur 4 000 Stück absetzen. Die freie Restkapazität von 2 000 Stück soll für die Produktion des No-Name-Produkts genutzt werden. Die Preisvorgaben der Marketing-Abteilung, die Herstellungskosten pro Stück und die fixen Kosten insgesamt sind bereits in die entsprechenden Kalkulationsformulare der interRad GmbH eingetragen worden.

Arbeitsauftrag

1. In dem Kalkulationsformular **„No-Name-Produkt"** wird unterstellt, dass ausschließlich diese Version hergestellt wird.

    a) In der Kalkulation 1 geht die interRad GmbH zunächst von der Vollauslastung der Produktionskapazität aus. Kalkulieren Sie den Artikel für eine Absatzmenge von 6 000 Stück.

    b) In der Kalkulation 2 wird unterstellt, dass die Produktionsmenge der voraussichtlichen Absatzmenge von 2 000 Stück entspricht. Kalkulieren Sie den Artikel entsprechend.

    c) Vergleichen Sie die Kalkulation 1 mit der Kalkulation 2 und erklären Sie die Unterschiede. Überprüfen Sie in diesem Zusammenhang insbesondere die Höhe des Listenverkaufspreises für das „No-Name-Produkt".

2. In dem Kalkulationsformular **„Markenartikel + No-Name"** wird unterstellt, dass die Produktionskapazität auf den Markenartikel interRad und das No-Name-Produkt aufgeteilt wird. Die jeweilige Kalkulationsmenge richtet sich nach der voraussichtlichen Absatzmenge. Führen Sie für die Kombination Markenartikel interRad (4 000 Stück) und No-Name-Produkt (2 000 Stück) die Kalkulation 3 durch.

    a) Ermitteln Sie zunächst den Anteil der fixen Kosten, der auf den Markenartikel interRad entfällt. Die fixen Kosten werden entsprechend dem prozentualen Produktionsanteil errechnet. Führen Sie anschließend in der Spalte Gesamtrechnung „interRad" die entsprechende Deckungsbeitragsrechnung durch.

    b) Ermitteln Sie zunächst den Anteil der fixen Kosten, der auf das No-Name-Produkt entfällt. Die fixen Kosten werden entsprechend dem prozentualen Produktionsanteil errechnet. Führen Sie anschließend in der Spalte Gesamtrechnung „No-Name" die entsprechende Deckungsbeitragsrechnung durch.

© Winklers 3222 Abraham : Nemeth : Schalk, interRad GmbH – Lernfeld Marketing

Marketing

6 Exkurs Preisdifferenzierung
6.2 Listenverkaufspreise überprüfen

Arbeitsbogen **8**

2. c) Füllen Sie die Spalte „Gesamtrechnung zusammen" aus, indem Sie die Werte für den Markenartikel interRad mit denen für das No-Name-Produkt addieren.

3. Vergleichen Sie die Kalkulationen des Arbeitsbogens 7 mit denen des Arbeitsbogens 8. Erklären Sie die Unterschiede und entscheiden Sie anschließend, ob sich die Preisdifferenzierung lohnt. Begründen Sie Ihre Antwort kurz.

Anlagen/Arbeitsunterlagen

Formular „No-Name-Produkt"
Formular „Markenartikel + No-Name"
Formular „Markenartikel interRad" * – siehe Seite 42

No-Name-Produkt
Stadtrad, 07-Gang-Schaltung

interRad GmbH

Basisdaten	PLANDATEN
Vertrieb unter Name	"No-Name" D-07-Gang
Listenpreis	549,00 €
Herstellungskosten pro Stück (variabel)	505,00 €
fixe Kosten insgesamt	750.000,00 €

Kalkulation 1

	PLANDATEN	
Kalkulationsmenge	6 000 Stück	
Kalkulationsgrundlage	Vollauslastung der Produktion	
Produktionsanteil (6 000 Stück =100 %)	100 %	
	SOLL-Stückrechnung	**SOLL-Gesamtrechnung**
Verkaufserlöse (Menge · Listenpreis)		
– Herstellungskosten		
= Deckungsbeitrag 1		
– fixe Kosten		
= Betriebserfolg		
Gesamtkosten		
Kosten pro Stück		

Kalkulation 2

	REALDATEN	
Kalkulationsmenge	2 000 Stück	
Kalkulationsgrundlage	Voraussichtliche Absatzmenge	
Produktionsanteil (6 000 Stück =100 %)		
	IST-Stückrechnung	**IST-Gesamtrechnung**
Verkaufserlöse (Menge · Listenpreis)		
– Herstellungskosten		
= Deckungsbeitrag 1		
– fixe Kosten		
= Betriebserfolg		
Gesamtkosten		
Kosten pro Stück		

© Winklers 3222 Abraham : Nemeth : Schalk, interRad GmbH – Lernfeld Marketing

Markenartikel + No-Name
Stadtrad, 07-Gang-Schaltung

Basisdaten

	PLANDATEN		
Vertrieb unter Name	interRad	No-Name	Zusammen
Listenpreis	689,00 €	549,00 €	-
Herstellungskosten pro Stück	505,00 €	505,00 €	-
Fixe Kosten	-	-	750.000,00 €

Kalkulation 3

	PLANDATEN		
Vertrieb unter Name	interRad	No-Name	Zusammen
Kalkulationsmenge (Stück)			
Produktionsanteil			
Anteil fixe Kosten			

	Gesamtrechnung interRad	Gesamtrechnung No-Name	Gesamtrechnung zusammen
Verkaufserlös			
– Herstellungskosten			
= Deckungsbeitrag 1			
– fixe Kosten			
= Betriebserfolg			
Gesamtkosten			
Kosten pro Stück			
Betriebserfolg pro Stück			

Bemerkungen

Marketing

7 Kommunikationspolitik
7.1 Werbeplanung

Arbeitsbogen **9**

Situation

Es sind bereits erste Aktivitäten im Rahmen der Distributions-, Produkt- und Preispolitik (Arbeitsbogen 6) umgesetzt worden. Die nächsten Überlegungen beziehen sich auf die „Werbung". Eine Werbekampagne kann Millionenbeträge kosten und wenig Erfolg bringen. Es muss deshalb überlegt werden, welche Werbeaktivitäten auf der Grundlage vorangegangener Analysen anzustreben sind.

Die geplante Werbeaktion soll unter dem Slogan INTER-EXTRA-TOUR mit Unterstützung der Werbeagentur Petzold + Runge durchgeführt werden.

Arbeitsauftrag

1. Im Rahmen der Werbeplanung werden die wichtigsten Entscheidungen für eine erfolgreiche Werbung erfasst. Schlagen Sie eine zeitliche Reihenfolge der Planungsschritte (1 bis 10) vor und begründen Sie Ihre Entscheidung. Benutzen Sie die Planungshilfe „Werbeplan".

2. Auf Basis der bisherigen Analysen sind bereits Werbeziele formuliert worden.

   a) Benutzen Sie die Planungshilfe „Werbeziele" und bewerten Sie die einzelnen Werbeziele nach der Wichtigkeit für die Werbeaktion. Vergeben Sie folgende Wertungen:

   1 = besonders wichtig

   2 = wichtig

   3 = zurzeit nicht wichtig

   4 = keine Bedeutung

   Begründen Sie Ihre Entscheidungen.

   b) Nennen Sie die drei wichtigsten Werbeziele.

3. Die interRad GmbH hatte im letzten Jahr einen Umsatz von 42.000.000,00 Euro. Nach einer Entscheidung der Geschäftsführung soll der Werbeetat für das laufende Geschäftsjahr 5 % des Umsatzes betragen. Von diesem Werbeetat können 80 % für die beabsichtigte Werbeaktion verwendet werden.

   a) Wie viel Euro beträgt der Werbeetat für das laufende Geschäftsjahr?

   b) Wie viel Euro kann für die Werbeaktion ausgegeben werden?

4. Die Zielgruppe für die Werbeaktion wurde bereits in Arbeitsbogen 5 erarbeitet. Beschreiben Sie kurz die Zielgruppe.

© Winklers 3222 Abraham : Nemeth : Schalk, interRad GmbH – Lernfeld Marketing

47

Marketing

7 Kommunikationspolitik
7.1 Werbeplanung

Arbeitsbogen **9**

5. Im Rahmen der Werbeplanung sind u. a. auch das Streugebiet und die Streuzeit zu bestimmen.

   a) Überlegen Sie, ob die Werbemaßnahmen regional oder bundesweit erfolgen sollen. Berücksichtigen Sie dabei die Ergebnisse von Arbeitsbogen 3.

   b) Es ist beabsichtigt, die Werbeaktion auf maximal drei Monate zu beschränken. Überlegen Sie, in welchen Monaten die Werbemaßnahmen durchgeführt werden sollen.

6. Welche Medien sollten im Rahmen der Werbeaktion INTER-EXTRA-TOUR eingesetzt werden? Benutzen Sie die Planungshilfe „Werbeträger/Werbemittel".

7. Im Rahmen der Werbeplanung wurde in der Geschäftsleitung eine Frage kontrovers diskutiert: Soll die interRad GmbH die Werbeaktion alleine durchführen oder die Dienste einer Werbeagentur in Anspruch nehmen?

   a) Welche Argumente sprechen für die Beauftragung einer Werbeagentur?

   b) Welche Argumente sprechen dagegen?

8. Tragen Sie die erarbeiteten Ergebnisse in die Planungshilfe „Werbeplan" ein.

Anlagen/Arbeitsunterlagen

Planungshilfe „Werbeplan"
Planungshilfe „Werbeziele"
Planungshilfe „Werbeträger/Werbemittel"
Absatzgebiete und Anzahl der Kunden – Seite 20

Werbeaktion „INTER-EXTRA-TOUR"

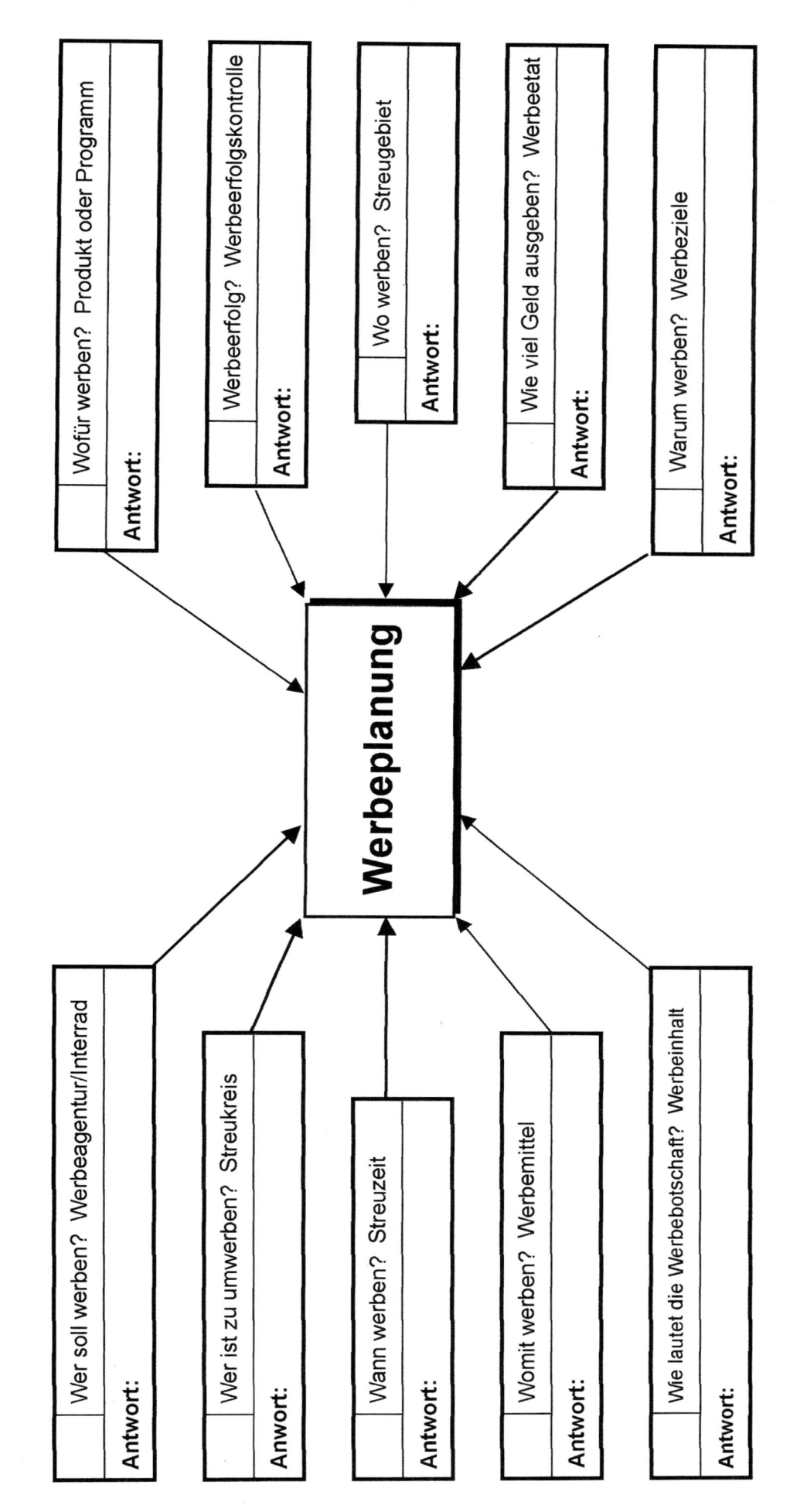

Planungshilfe: Werbeplan

Werbeagentur
Petzold + Runge

Werbeplanung

- Wofür werben? Produkt oder Programm
  Antwort:

- Werbeerfolg? Werbeerfolgskontrolle
  Antwort:

- Wo werben? Streugebiet
  Antwort:

- Wie viel Geld ausgeben? Werbeetat
  Antwort:

- Warum werben? Werbeziele
  Antwort:

- Wer soll werben? Werbeagentur/Interrad
  Antwort:

- Wer ist zu umwerben? Streukreis
  Antwort:

- Wann werben? Streuzeit
  Antwort:

- Womit werben? Werbemittel
  Antwort:

- Wie lautet die Werbebotschaft? Werbeinhalt
  Antwort:

© Winklers 3222 Abraham : Nemeth : Schalk, interRad GmbH – Lernfeld Marketing

Werbeaktion „INTER-EXTRA-TOUR"

Werbeagentur Petzold + Runge

Planungshilfe: Werbeziele

Werbeziele	\multicolumn{4}{c|}{Wichtigkeit für den Unternehmenserfolg}	Begründungen
	1	2	3	4	
Umsatz steigern					
Neue Produkte einführen					
Absatz bestimmter Artikel steigern					
Bekanntheitsgrad erhöhen					
Neue Käuferschichten erschließen					
Absatzgebiet erweitern					
Gesamtimage verändern					
Serviceleistungen erhöhen					

1 = besonders wichtig, 2 = wichtig, 3 = zurzeit nicht wichtig, 4 = keine Bedeutung

© Winklers 3222 Abraham : Nemeth : Schalk, interRad GmbH – Lernfeld Marketing

Werbeaktion „INTER-EXTRA-TOUR"

Werbeagentur Petzold + Runge

Planungshilfe: Werbeträger/Werbemittel

Welche Werbeträger bzw. Werbemittel wollen Sie einsetzen?

	häufig	selten	nie
Anzeigen	☐	☐	☐
• Tageszeitungen	☐	☐	☐
• Publikumszeitschriften	☐	☐	☐
• Fachzeitschriften	☐	☐	☐
• Hauszeitschriften	☐	☐	☐
Fernsehen	☐	☐	☐
• regional	☐	☐	☐
• bundesweit	☐	☐	☐
Hörfunk	☐	☐	☐
• regional	☐	☐	☐
• bundesweit	☐	☐	☐
Internet	☐	☐	☐
• Homepage	☐	☐	☐
• Banner/Links	☐	☐	☐
• E-Mail/Newsletter	☐	☐	☐
Prospekte	☐	☐	☐
Zeitungsbeilagen	☐	☐	☐
Flugblätter	☐	☐	☐
Plakatwerbung	☐	☐	☐
Verkehrsmittelwerbung	☐	☐	☐
Kinowerbung	☐	☐	☐
Schaufensterdekoration	☐	☐	☐
Werbebriefe	☐	☐	☐
Werbegeschenke	☐	☐	☐

© Winklers 3222 Abraham : Nemeth : Schalk, interRad GmbH – Lernfeld Marketing

Marketing

7 Kommunikationspolitik
7.2 Mediamix

Arbeitsbogen **10**

Situation

Für die Werbeaktion „Inter-Extra-Tour" soll ein so genannter Mediamix eingesetzt werden, der aus einer kombinierten Werbung der Medien Fernsehen, Rundfunk, Tageszeitung, Zeitschrift, Plakat, Prospekt und Werbebrief besteht. Um sinnvolle und für die interRad GmbH finanzierbare Werbemaßnahmen zu ergreifen, sind verschiedene Berechnungen durchzuführen und in einem Mediaplan zu erfassen.

Es stehen die folgenden Etatposten zur Verfügung:

- für bundesweite Werbemaßnahmen   =   1.450.000,00 Euro
- für regionale Werbemaßnahmen   =   230.000,00 Euro

Die Werbeagentur Petzold + Runge hat der interRad GmbH bereits einen ersten Vorschlag für einen Medieneinsatz in den ostdeutschen Bundesländern unterbreitet.

Arbeitsauftrag

1. Die Werbeagentur Petzold + Runge hat der interRad GmbH drei Preisübersichten für Werbespots im Fernsehen und Rundfunk sowie für Werbeanzeigen in Zeitungen und Zeitschriften zugesandt. In den Preisübersichten fehlen noch einige Preisangaben. Vervollständigen Sie die drei Übersichten mithilfe der beigefügten Preislisten.

2. Bevor die Kosten für die Sendung von Werbespots und die Veröffentlichung von Werbeanzeigen zu kalkulieren sind, sollen noch einige Vorüberlegungen zum Medieneinsatz angestellt werden.

   a) Welcher Zusammenhang besteht zwischen Marktanteil und Preisen für Werbespots bei den privaten Fernsehsendern?

   b) Warum verlangen die ARD-Sender in ihren Regionalprogrammen unterschiedliche Preise für Werbespots? Begründen Sie die Antwort.

   c) Welche Bedeutung hat die Sendezeit für einen Werbespot? Begründen Sie die Antwort.

   d) Wie beurteilen Sie die Angaben zu der Kernzielgruppe unter Bemerkungen für Fernsehen und Rundfunk?

   e) Welche Bedeutung hat die verkaufte Auflage einer Zeitung bzw. Zeitschrift für den Werbeerfolg einer Anzeige? Begründen Sie die Antwort.

Marketing

7 Kommunikationspolitik
7.2 Mediamix

Arbeitsbogen **10**

3. Die Werbeagentur Petzold + Runge hat in ihrem Schreiben vom 12. Januar der interRad GmbH einen Vorschlag für einen Mediamix unterbreitet. Prüfen Sie mithilfe der Anlagen, ob die Etatvorgaben für Werbemaßnahmen in den ostdeutschen Bundesländern eingehalten werden.

4. Berechnen Sie die genauen Kosten für die geplanten Werbemaßnahmen mithilfe der Planungshilfe „Mediakosten".

5. Stellen Sie anhand der Planungshilfe „Mediamix" eine Übersicht der bisherigen Berechnungen auf.

   a) Tragen Sie zunächst die Beträge für den Umsatz des letzten Jahres, den Werbeetat des laufenden Jahres, den Etat für die Werbeaktion „Inter-Extra-Tour" sowie die Etatvorgaben für die Werbemaßnahmen bundesweit und regional ein.

   b) Tragen Sie die errechneten Kosten für Fernseh- und Rundfunkwerbung sowie für die Werbeanzeigen und die Plakatwerbung in die Planungshilfe „Mediamix" ein.

   c) Ermitteln Sie die Gesamtbeträge der Mediakosten und vergleichen Sie das Ergebnis mit den Etatvorgaben für die Werbeaktion.

   d) Unterbreiten Sie Verbesserungsvorschläge für einen alternativen Medieneinsatz.

6. Die bisherigen Werbemaßnahmen wurden bundesweit durchgeführt. Nehmen Sie weitere Berechnungen für regionale Werbemaßnahmen vor. Es ist dafür ein Etat von 230.000,00 Euro eingeplant. Benutzen Sie die vorliegenden Preisübersichten, um den Medieneinsatz für die Region zu planen, in der Sie wohnen. Tragen Sie Ihre Berechnungen in eine zweite Planungshilfe „Mediamix" ein.

Anlagen/Arbeitsunterlagen

Schreiben der Werbeagentur Petzold + Runge
Preisübersicht für Werbespots im Fernsehen
Preisübersicht für Werbespots im Rundfunk
Preisübersicht für Werbeanzeigen in Tageszeitungen, Publikums-, Fachzeitschriften
Diverse Preislisten
Preisliste für Plakatwerbung von „Moplak"
Planungshilfe „Mediakosten"
Planungshilfe „Mediamix"

Werbeagentur Petzold + Runge

Petzold + Runge • Postfach 7017 60 • 22017 Hamburg

interRad GmbH
Walliser Straße 125
28325 Bremen

Alsterchaussee 120
20149 Hamburg

Postfach 70 17 60
22017 Hamburg

Telefon: 040 3543051
Fax: 040 3543050
E-Mail: info@petzold+runge.de
Internet: www.petzold+runge.de

Bankverbindungen:

Hamburger Sparkasse
Konto-Nr. 1480300205, BLZ 200 505 50

Postbank Hamburg

Datum: 20..-01-12

Werbeaktion „Inter-Extra-Tour"

Sehr geehrte Frau Woldt,

Sie haben uns mit der Durchführung der Werbeaktion „Inter-Extra-Tour" beauftragt. Wir danken Ihnen für Ihr Vertrauen.

Im Rahmen zahlreicher Abstimmungsgespräche in Ihrem Hause mit Frau Bond und Herrn Hahn sowie der Analyse umfangreicher Unterlagen aus der Marktforschung zum Fahrradmarkt und interner Verkaufsstatistiken wurde die Zielrichtung der Werbekampagne festgelegt. Die Werbemaßnahmen sollen

- **die Einführung des neuen Trekkingbikes mit der 27-Gang-Schaltung im gesamten Bundesgebiet und**
- **die Erweiterung der Absatzgebiete in den ostdeutschen Bundesländern unterstützen.**

In den folgenden Ausführungen unterbreiten wir Ihnen zunächst einen Vorschlag für einen Mediamix. Es ist beabsichtigt, die ostdeutschen Bundesländer etwas stärker zu bewerben.

1. **Fernsehen**

    MDR-Werbefernsehen: 28 Spots im Mai
    SWR-Werbefernsehen: 15 Spots im Mai
    WDR-Werbefernsehen: 18 Spots im Mai
    ZDF-Werbefernsehen: 10 Spots im Mai

    Ein Werbespot soll 20 Sekunden dauern.

2. **Rundfunk**

    BRW 1 – Rundfunkwerbung: 22 Spots im April   30 Spots im Mai   24 Spots im Juni
    MDR 1 – Rundfunkwerbung: 35 Spots im April   38 Spots im Mai   30 Spots im Juni
    NDR 2 – Rundfunkwerbung: 20 Spots im April   28 Spots im Mai   22 Spots im Juni
    WDR 4 – Rundfunkwerbung: 26 Spots im April   32 Spots im Mai   21 Spots im Juni
    Antenne Sachsen: 30 Spots im April   50 Spots im Mai   35 Spots im Juni

    Ein Werbespot soll 15 Sekunden dauern. Bitte die Durchschnittspreise im Jahr verwenden.

...

**Werbeagentur
Petzold + Runge**

3. **Zeitungen und Zeitschriften**

   Frankfurter Rundschau: 2 Anzeigen im April und 2 Anzeigen im Mai
   Mitteldeutsche Zeitung: 2 Anzeigen im April und 4 Anzeigen im Mai
   Fit for Fun: 1 Anzeige im April, 1 Anzeige im Mai, 1 Anzeige im Juni
   Trekkingbike: 1 Anzeige im April und 1 Anzeige im Juni

   Die Werbeanzeigen sollen jeweils Montag bis Freitag im Format 1/1 in Farbe erscheinen.

4. **Plakate (Großflächen)**

   - 30 Großflächen in Brandenburg (75 000 Einwohner)
   - 50 Großflächen in Chemnitz (255 000 Einwohner)
   - 50 Großflächen in Cottbus (105 000 Einwohner)
   - 50 Großflächen in Erfurt (200 000 Einwohner)
   - 50 Großflächen in Jena (101 000 Einwohner)
   - 50 Großflächen in Halle (243 000 Einwohner)
   - 50 Großflächen in Madgeburg (229 000 Einwohner)
   - 50 Großflächen in Rostock (198 000 Einwohner)
   - 50 Großflächen in Schwerin (99 000 Einwohner)
   - 50 Großflächen in Zwickau (101 000 Einwohner)
   - 80 Großflächen in Dresden (511 000 Einwohner)
   - 80 Großflächen in Leipzig (493 000 Einwohner)
   - 300 Großflächen in Berlin (3 388 000 Einwohner)

Die so genannten Großflächen (Größe der Klebefläche: Breite 356 x Höhe 252 cm = 18/1 Bogen) in der Leistungsklasse 4 (LK4) sollen unbeleuchtet jeweils 10 Tage im April und 10 Tage im Mai plakatiert werden.

Entsprechende Rabatte für einen erhöhten Medieneinsatz wurden nicht berücksichtigt. Des Weiteren sind die Kosten für die Herstellung der Werbespots sowie für das Layout der Werbeanzeige bzw. des Plakats in den Kalkulationen noch nicht enthalten.

Prüfen Sie bitte unsere Vorschläge. Wir sind gern bereit, Änderungswünsche aufzunehmen.

Mit freundlichen Grüßen

Werbeagentur Petzold + Runge

A. Petzold   *M. Runge*

Andreas Petzold   Martin Runge

Anlagen
3 Preisübersichten
Diverse Preislisten

Preisübersicht für Werbespots im Fernsehen

Fernsehsender							
Öffentlich-rechtliche Sender:	Zuschauer pro Ø-halbe Std.	Art der Sendung/ Sendemonate	Sendetage	Sendezeit	Einschaltpreise im Mai Euro/1 Sek.	Euro/30 Sek.	Bemerkungen
BRW Werbefernsehen	210 000	Regionalprogramm: Mai	Mo. – Fr.	18:22 Uhr			Kernzielgruppe: Gesamtbevölkerung
HR Werbefernsehen	keine Erhebung	Regionalprogramm: Mai	Mo. – Fr.	18:22 Uhr	72,00	2.160,00	Kernzielgruppe: Gesamtbevölkerung
MDR-Werbefernsehen	440 000	Regionalprogramm: Mai	Mo. – Fr.	18:22 Uhr			Kernzielgruppe: Gesamtbevölkerung
NDR-Werbefernsehen (Nord)	keine Erhebung	Regionalprogramm: Mai	Mo. – Fr.	18:22 Uhr	153,00	4.590,00	Kernzielgruppe: Gesamtbevölkerung
NDR-Werbefernsehen (Nordwesten)	keine Erhebung	Regionalprogramm: Mai	Mo. – Fr.	18:22 Uhr	415,00	12.450,00	Kernzielgruppe: Gesamtbevölkerung
Radio Bremen Werbefernsehen	120 000	Regionalprogramm: Mai	Mo. – Fr.	18:22 Uhr	23,00	690,00	Kernzielgruppe: keine Erhebung
WFS Werbefernsehen Saar	40 000	Regionalprogramm: Mai	Mo. – Fr.	18:22 Uhr	12,00	360,00	Kernzielgruppe: Gesamtbevölkerung
ORB/SFB-Werbefernsehen	keine Erhebung	Regionalprogramm: Mai	Mo. – Fr.	18:22 Uhr	56,00	2.680,00	Kernzielgruppe: Gesamtbevölkerung
SWR-Werbefernsehen	640 000	Regionalprogramm: Mai	Mo. – Fr.	18:22 Uhr			Kernzielgruppe: Gesamtbevölkerung
WDR-Werbefernsehen	keine Erhebung	Regionalprogramm: Mai	Mo. – Fr.	18:22 Uhr	275,00	8.250,00	Kernzielgruppe: Gesamtbevölkerung
ZDF-Werbefernsehen	Marktanteil 17,8 %	18. KW (03. – 09.05)	Mo. – Sa.	18:59 Uhr			Kernzielgruppe: Gesamtbevölkerung
(Wochenpreis bei 20 Sek.)							
Private Sender:							
Kabel 1	Marktanteil 5,1 %	Serie	Mo. – Fr.	18:45 Uhr	1.156,00	3.810,00	Kernzielgruppe: 14 bis 49 Jahre
n-tv	keine Angaben	Nachrichten und Politik	Mo. – Fr.	18:30 Uhr	----------	450,00	Gehobene, meist männl. Zielgruppe
Pro Sieben	Marktanteil 11,8 %	Serie Comedy	Mo. – Fr.	18:00 Uhr	3.695,00	12.180,00	Kernzielgruppe: 14 bis 49 Jahre
RTL	Marktanteil 17,4 %	Serie	Mo. – Fr.	19:30 Uhr	----------	27.810,00	Kernzielgruppe: 14 bis 49 Jahre
SAT•1	Marktanteil 11,3 %	Quiz	Mo. – Fr.	17:00 Uhr	2.366,00	7.800,00	Kernzielgruppe: 14 bis 49 Jahre
Super RTL	Marktanteil 2,4 %	Serie	Mo. – Fr.	18:30 Uhr	----------	1.980,00	Kernzielgruppe: Haushalte mit Kind
VOX	Marktanteil 4,4 %	Serie	Mo. – Fr.	19:30 Uhr	----------	3.150,00	Kernzielgruppe: 14 bis 49 Jahre

(Kabel – Pro 7 – SAT•1 = 7 Sekunden statt 1 Sekunde)

Die angegebenen Preise sind Bruttopreise zuzüglich gesetzlicher Umsatzsteuer.

Bayern im Ersten – Preisgruppen 1 Sekunde in Euro

PG	Jan	Feb	Mär	Apr	Mai	Jun	Jul	Aug	Sep	Okt	Nov	Dez	Ø Jahr
01	65	72	91	87	80	65	45	49	84	95	95	84	76,00
02	70	78	99	95	86	70	49	53	91	103	103	91	82,33
03	72	80	101	97	88	72	51	55	93	105	105	93	84,33
04	75	84	106	101	93	75	53	57	97	110	110	97	88,17
05	78	87	111	106	97	78	55	60	101	115	115	101	92,00
06	91	101	128	123	113	91	64	69	117	133	133	117	106,67
07	84	123	134	129	129	73	73	78	112	140	140	129	112,00
08	97	108	136	131	119	97	68	73	125	142	142	125	113,58
09	106	119	150	144	132	106	75	82	138	157	157	138	125,33
10	116	171	186	179	179	100	100	109	155	194	194	179	155,17

Bayern im Ersten – Werbeblockschema

WB	TA	PG	Sendetag	Sendezeit	Werbecode
10	01	05	Montag bis Freitag	17.55	01 05 17 10
20	01	04	Montag bis Freitag	18.22	01 04 18 20
30	01	03	Montag bis Freitag	18.48	01 03 18 30
40	01	08	Montag bis Freitag	19.17	01 08 19 40
50	01	09	Montag bis Freitag	19.46	01 09 19 50

Samstage ohne Bundesliga-*Sportschau*

WB	TA	PG	Sendetag	Sendezeit	Werbecode
10	01	02	Samstag	17.47	01 02 17 10
20	11	01	Samstag	17.55	11 01 17 20
30	01	01	Samstag	18.52	01 01 18 30
40	01	01	Samstag	19.22	01 01 19 40
55	01	06	Samstag	19.53	01 06 19 55

Samstage mit Bundesliga-*Sportschau*

WB	TA	PG	Sendetag	Sendezeit	Werbecode
27	21	07	Samstag	17.55	21 07 17 27
90	21	10	Samstag	18.24	21 10 18 90

Es gelten die Allgemeinen Geschäftsbedingungen sowie die aktuellen Preisregelungen der Bayerischen Rundfunkwerbung GmbH. Die angegebenen Einschaltpreise sind Bruttoeinschaltpreise zzgl. gesetzlicher MwSt.

Bayern im Ersten – Preisgruppen 30 Sekunden in Euro

PG	Jan	Feb	Mär	Apr	Mai	Jun	Jul	Aug	Sep	Okt	Nov	Dez	Ø Jahr
01	1.950	2.160	2.730	2.610	2.400	1.950	1.350	1.470	2.520	2.850	2.850	2.520	2.280,00
02	2.100	2.340	2.970	2.850	2.580	2.100	1.470	1.590	2.730	3.090	3.090	2.730	2.469,90
03	2.160	2.400	3.030	2.910	2.640	2.160	1.530	1.650	2.790	3.150	3.150	2.790	2.529,90
04	2.250	2.520	3.180	3.030	2.790	2.250	1.590	1.710	2.910	3.300	3.300	2.910	2.645,10
05	2.340	2.610	3.330	3.180	2.910	2.340	1.650	1.800	3.030	3.450	3.450	3.030	2.760,00
06	2.730	3.030	3.840	3.690	3.390	2.730	1.920	2.070	3.510	3.990	3.990	3.510	3.200,10
07	2.520	3.690	4.020	3.870	3.870	2.190	2.190	2.340	3.360	4.200	4.200	3.870	3.360,00
08	2.910	3.240	4.080	3.930	3.570	2.910	2.040	2.190	3.750	4.260	4.260	3.750	3.407,40
09	3.180	3.570	4.500	4.320	3.960	3.180	2.250	2.460	4.140	4.710	4.710	4.140	3.759,90
10	3.480	5.130	5.580	5.370	5.370	3.000	3.000	3.270	4.650	5.820	5.820	5.370	4.655,10

Rabatte

Brutto-Umsatz (ab €)	Rabatt in %
25.000	1,0
50.000	2,0
75.000	3,5
100.000	5,0
150.000	6,5
200.000	7,5
250.000	8,5
300.000	10,0
350.000	11,0
400.000	12,0
450.000	13,0
500.000	14,0
600.000	15,0
750.000	n.V.

BRW
Bayerische Rundfunkwerbung

Bayerische Rundfunkwerbung GmbH
Hopfenstraße 4
80335 München
info@brw.de
www.brw.de

Geschäftsführung:
Ludger Lausberg
Telefon: 089/5900-04
Telefax: 089/5900-4224

Das Erste in Mitteldeutschland – Preisgruppen 1 Sekunde in Euro

PG	Jan	Feb	Mär	Apr	Mai	Jun	Jul	Aug	Sep	Okt	Nov	Dez	Ø Jahr
01	27	31	38	37	33	27	19	22	35	40	40	35	32
02	28	32	39	39	35	28	20	21	37	40	40	37	33
03	32	37	45	43	40	32	24	25	41	48	48	41	38
04	34	39	48	46	41	34	25	27	43	50	50	43	40
05	31	48	52	50	50	27	27	30	43	54	54	50	43
06	36	54	59	57	57	31	31	34	49	62	62	56	49
07	45	50	63	61	56	45	32	34	59	66	66	59	53
08	48	53	67	64	59	48	34	37	61	70	70	61	56
09	52	59	72	69	63	52	37	40	68	76	76	68	61
10	53	59	75	71	65	53	37	41	68	77	77	68	62
11	54	60	75	72	67	54	39	41	69	78	78	69	63
12	59	67	82	80	73	59	41	45	76	85	85	76	69
13	65	72	91	87	80	65	46	50	83	95	95	83	76
14	77	86	108	104	95	77	54	59	98	112	112	98	90

Das Erste in Mitteldeutschland – Werbeblockschema

WB	TA	PG	Sendetag	Sendezeit	Werbecode
10	01	08	Montag bis Freitag	17.55	01 08 17 10
16	78	14	Montag bis Freitag	18.21	78 14 18 16*
20	01	13	Montag bis Freitag	18.22	01 13 18 20
30	01	07	Montag bis Freitag	18.48	01 07 18 30
40	01	12	Montag	19.17	01 12 19 40
40	01	10	Dienstag bis Freitag	19.17	01 10 19 40
41	78	13	Dienstag bis Freitag	19.43	78 13 19 41*
50	01	11	Montag bis Freitag	19.46	01 11 19 50

Samstage ohne Bundesliga-*Sportschau*

10	01	01	Samstag	17.47	01 01 17 10
20	11	02	Samstag	17.55	11 02 17 20
30	01	03	Samstag	18.52	01 03 18 30
40	01	04	Samstag	19.22	01 04 19 40
55	01	09	Samstag	19.53	01 09 19 55

Samstage mit Bundesliga-*Sportschau*

| 27 | 21 | 05 | Samstag | 17.55 | 21 05 17 27 |
| 90 | 21 | 06 | Samstag | 18.24 | 21 06 18 90 |

*Split Screen

Es gelten die Allgemeinen Geschäftsbedingungen sowie die aktuellen Preisregelungen der MDR-Werbung GmbH.
Die angegebenen Einschaltpreise sind Bruttoeinschaltpreise zzgl. gesetzlicher MwSt.

Das Erste in Mitteldeutschland – Preisgruppen 30 Sekunden in Euro

PG	Jan	Feb	Mär	Apr	Mai	Jun	Jul	Aug	Sep	Okt	Nov	Dez	Ø Jahr
01	810	930	1.140	1.110	990	810	570	660	1.050	1.200	1.200	1.050	960
02	840	960	1.170	1.170	1.050	840	600	630	1.110	1.200	1.200	1.110	990
03	960	1.110	1.350	1.290	1.200	960	720	750	1.230	1.440	1.440	1.230	1.140
04	1.020	1.170	1.440	1.380	1.230	1.020	750	810	1.290	1.500	1.500	1.290	1.200
05	930	1.440	1.560	1.500	1.500	810	810	900	1.290	1.620	1.620	1.500	1.290
06	1.080	1.620	1.770	1.710	1.710	930	930	1.020	1.470	1.860	1.860	1.680	1.470
07	1.350	1.500	1.890	1.830	1.680	1.350	960	1.020	1.770	1.980	1.980	1.770	1.590
08	1.440	1.590	2.010	1.920	1.770	1.440	1.020	1.110	1.830	2.100	2.100	1.830	1.680
09	1.560	1.770	2.160	2.070	1.890	1.560	1.110	1.200	2.040	2.280	2.280	2.040	1.830
10	1.590	1.770	2.250	2.130	1.950	1.590	1.110	1.230	2.040	2.310	2.310	2.040	1.860
11	1.620	1.800	2.250	2.160	2.010	1.620	1.170	1.230	2.070	2.340	2.340	2.070	1.890
12	1.770	2.010	2.460	2.400	2.190	1.770	1.230	1.350	2.280	2.550	2.550	2.280	2.070
13	1.950	2.160	2.730	2.610	2.400	1.950	1.380	1.500	2.490	2.850	2.850	2.490	2.280
14	2.310	2.580	3.240	3.120	2.850	2.310	1.620	1.770	2.940	3.360	3.360	2.940	2.700

Rabatte

Brutto-Umsatz (ab €)	Rabatt in %
15.000	1,0
30.000	2,0
75.000	5,0
150.000	7,5
200.000	10,0
250.000	12,5
300.000	15,0
350.000	n.V.

MDRW
MDR-Werbung. So gehts besser.

MDR-Werbung GmbH
Gothaer Straße 36
99094 Erfurt
www.mdr-werbung.de

Geschäftsführung:
Holger Tanhäuser
Niels N. von Haken
Telefon: 0361/218-1200
Telefax: 0361/218-1139

Stand: August 2009. Änderungen und Irrtümer vorbehalten.

Das Erste im Südwesten – Preisgruppen 1 Sekunde in Euro

PG	Jan	Feb	Mär	Apr	Mai	Jun	Jul	Aug	Sep	Okt	Nov	Dez	Ø Jahr
01	42	47	61	57	53	42	30	32	55	63	63	55	50
02	43	48	61	59	54	43	31	33	56	64	64	56	51
03	49	55	70	67	61	49	35	38	64	73	73	64	58
04	50	56	71	68	62	50	35	38	65	74	74	65	59
05	52	58	73	70	64	52	37	40	67	76	76	67	61
06	76	85	107	102	93	76	53	58	98	111	111	98	89
07	83	93	118	113	103	83	59	64	108	123	123	108	98
08	90	117	127	122	122	69	69	74	106	132	132	122	106
09	85	107	136	130	119	96	68	73	124	141	141	124	112
10	86	127	138	132	132	75	75	81	115	144	144	132	115
11	89	130	142	136	136	77	77	83	118	148	148	136	118
12	99	145	158	152	152	86	86	92	132	165	165	152	132
13	135	198	216	207	207	117	117	126	180	225	225	207	180
14	141	207	226	216	216	122	122	132	188	235	235	216	188

Das Erste im Südwesten – Werbeblockschema

WB	TA	PG	Sendetag	Sendezeit	Werbecode
10	01	01	Montag bis Freitag	17.55	01 01 17 10
20	01	08	Montag bis Freitag	18.22	01 08 18 20
30	01	10	Montag	18.48	01 10 18 30
30	01	06	Dienstag bis Freitag	18.48	01 06 18 30
40	01	13	Montag	19.17	01 13 19 40
40	01	12	Dienstag bis Freitag	19.17	01 12 19 40
50	01	09	Montag bis Freitag	19.46	01 09 19 50

Samstage ohne Bundesliga-*Sportschau*

10	01	05	Samstag	17.47	01 05 17 10
20	11	03	Samstag	17.55	11 03 17 20
30	01	02	Samstag	18.52	01 02 18 30
40	01	04	Samstag	19.22	01 04 19 40
55	01	07	Samstag	19.53	01 07 19 55

Samstage mit Bundesliga-*Sportschau*

| 27 | 21 | 11 | Samstag | 17.55 | 21 11 17 27 |
| 90 | 21 | 14 | Samstag | 18.24 | 21 14 18 90 |

Es gelten die Allgemeinen Geschäftsbedingungen sowie die aktuellen Preisregelungen der SWR Media Services GmbH.
Die angegebenen Einschaltpreise sind Bruttoeinschaltpreise zzgl. gesetzlicher MwSt.

Das Erste im Südwesten – Preisgruppen 30 Sekunden in Euro

PG	Jan	Feb	Mär	Apr	Mai	Jun	Jul	Aug	Sep	Okt	Nov	Dez	Ø Jahr
01	1.260	1.410	1.830	1.710	1.590	1.260	900	960	1.650	1.890	1.890	1.650	1.500
02	1.290	1.440	1.830	1.770	1.620	1.290	930	990	1.680	1.920	1.920	1.680	1.530
03	1.470	1.650	2.100	2.010	1.830	1.470	1.050	1.140	1.920	2.190	2.190	1.920	1.740
04	1.500	1.680	2.130	2.340	1.860	1.500	1.050	1.140	1.950	2.220	2.220	1.950	1.770
05	1.560	1.740	2.190	2.100	1.920	1.560	1.110	1.200	2.010	2.280	2.280	2.010	1.830
06	2.280	2.550	3.210	3.060	2.790	2.280	1.590	1.740	2.940	3.330	3.330	2.940	2.670
07	2.490	2.790	3.540	3.390	3.090	2.490	1.770	1.920	3.240	3.690	3.690	3.240	2.940
08	2.400	3.510	3.810	3.660	3.660	2.070	2.070	2.220	3.180	3.960	3.960	3.660	3.180
09	2.550	3.210	4.080	3.900	3.570	2.880	2.040	2.190	3.720	4.230	4.230	3.720	3.360
10	2.580	3.810	4.140	3.960	3.960	2.250	2.250	2.430	3.450	4.320	4.320	3.960	3.450
11	2.670	3.900	4.260	4.080	4.080	2.310	2.310	2.490	3.540	4.440	4.440	4.080	3.540
12	2.970	4.350	4.740	4.560	4.560	2.580	2.580	2.760	3.960	4.950	4.950	4.560	3.960
13	4.050	5.940	6.480	6.210	6.210	3.510	3.510	3.780	5.400	6.750	6.750	6.210	5.400
14	4.230	6.210	6.780	6.480	6.480	3.660	3.660	3.960	5.640	7.050	7.050	6.480	5.640

Rabatte

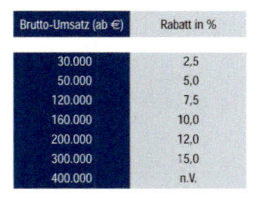

Brutto-Umsatz (ab €)	Rabatt in %
30.000	2,5
50.000	5,0
120.000	7,5
160.000	10,0
200.000	12,0
300.000	15,0
400.000	n.V.

SWR MEDIA SERVICES

SWR Media Services GmbH
GB Werbung & Sponsoring
Neckarstraße 221
70190 Stuttgart
www.swrmediaservices.de
werbung@swr.de

Leiter Media/Marketing, Verkauf:
Werner Schmaljohann
Telefon: 0711/929-2975
Telefax: 0711/929-2968

Stand: August 2009. Änderungen und Irrtümer vorbehalten.

2010 Special-Ads

Aktuelle Informationen: www.zdf-werbung.de

ZDF werbefernsehen

„heute-Uhr" heute 19.00 Uhr

Ihr exponierter Einzelwerbespot

ZDF „heute-Uhr"

mehrere Spots	Das Erste*	Spot 1	Spot 2	Spot 3	Spot 4	Best seconds
ARD Best Minute		19:58:20	19:58:40	19:59:10	19:59:30	19:59:48 — 20:00:00

Die einzigartige Plattform für Ihren Auftritt im Fullscreen-Format: Mit der „heute-Uhr" um ca. 18.59 Uhr beginnt montags bis samstags der Countdown für die „heute"-Nachrichten. Vor dieser starken Programmmarke genießen Sie eine volle Kalenderwoche exklusive Alleinstellung. Dies bietet quantitative und qualitative Vorteile: große Zuschauerakzeptanz und hohe Reichweiten treffen auf Tagesaktualität, Seriosität und Glaubwürdigkeit. Ihr Produkt profitiert von unserer Nachrichtenkompetenz durch einen positiven Imagetransfer.

Präsentationsformen mit Nachrichtencharakter sind bei der Spotgestaltung zu vermeiden.

Vorteil
- Eine **absolute Alleinstellung** vor „heute" mit hohen Reichweiten
- Garantierte Aufmerksamkeit während einer gesamten Kalenderwoche (Montag bis Samstag) durch unmittelbare Nähe zu den Nachrichten
- Es können täglich wechselnde Motive eingesetzt werden
- Positiver Imagetransfer

Buchungsinfo
Die Mindestbelegung für eine komplette Woche beträgt 120 bezahlte Sekunden. Eine Belegung ab mindestens 5 Sekunden pro Tag ist möglich. Nach Absprache ist die Aufteilung der Kalenderwoche auf verschiedene Kunden einer Agentur realisierbar. Buchungen sind Festaufträge.

8

9 **„heute-Uhr": 18.59 Uhr Code 80 85 18 80**

KW		Tage	Preis/Sek.	Wochenpreis bei 20 Sek.	KW		Tage	Preis/Sek.	Wochenpreis bei 20 Sek.
1	04.01.–10.01.	6	1.212 €	145.440 €	27	05.07.–11.07.	6	756 €	90.720 €
2	11.01.–17.01.	6	1.212 €	145.440 €	28	12.07.–18.07.	6	756 €	90.720 €
3	18.01.–24.01.	6	1.212 €	145.440 €	29	19.07.–25.07.	6	756 €	90.720 €
4	25.01.–31.01.	6	1.212 €	145.440 €	30	26.07.–01.08.	6	756 €	90.720 €
5	01.02.–07.02.	6	1.440 €	172.800 €	31	02.08.–08.08.	6	768 €	92.160 €
6	08.02.–14.02.	6	1.440 €	172.800 €	32	09.08.–15.08.	6	768 €	92.160 €
7	15.02.–21.02.	6	1.440 €	172.800 €	33	16.08.–22.08.	6	768 €	92.160 €
8	22.02.–28.02.	6	1.440 €	172.800 €	34	23.08.–29.08.	6	768 €	92.160 €
9	01.03.–07.03.	6	1.440 €	172.800 €	35	30.08.–05.09.	6	1.104 €	132.480 €
10	08.03.–14.03.	6	1.440 €	172.800 €	36	06.09.–12.09.	6	1.104 €	132.480 €
11	15.03.–21.03.	6	1.440 €	172.800 €	37	13.09.–19.09.	6	1.104 €	132.480 €
12	22.03.–28.03.	6	1.440 €	172.800 €	38	20.09.–26.09.	6	1.104 €	132.480 €
13	29.03.–04.04.	5	1.440 €	144.000 €	39	27.09.–03.10.	6	1.104 €	132.480 €
14	05.04.–11.04.	5	1.368 €	136.800 €	40	04.10.–10.10.	6	1.368 €	164.160 €
15	12.04.–18.04.	6	1.368 €	164.160 €	41	11.10.–17.10.	6	1.368 €	164.160 €
16	19.04.–25.04.	6	1.368 €	164.160 €	42	18.10.–24.10.	6	1.368 €	164.160 €
17	26.04.–02.05.	5	1.368 €	136.800 €	43	25.10.–31.10.	6	1.368 €	164.160 €
18	03.05.–09.05.	6	1.320 €	158.400 €	44	01.11.–07.11.	6	1.440 €	172.800 €
19	10.05.–16.05.	5	1.320 €	132.000 €	45	08.11.–14.11.	6	1.440 €	172.800 €
20	17.05.–23.05.	6	1.320 €	158.400 €	46	15.11.–21.11.	6	1.440 €	172.800 €
21	24.05.–30.05.	5	1.320 €	132.000 €	47	22.11.–28.11.	6	1.440 €	172.800 €
22	31.05.–06.06.	6	912 €	109.440 €	48	29.11.–05.12.	6	1.272 €	152.640 €
23	07.06.–13.06.	6	912 €	109.440 €	49	06.12.–12.12.	6	1.272 €	152.640 €
24	14.06.–20.06.	6	912 €	109.440 €	50	13.12.–19.12.	6	1.272 €	152.640 €
25	21.06.–27.06.	6	912 €	109.440 €	51	20.12.–26.12.	4	1.272 €	101.760 €
26	28.06.–04.07.	6	912 €	109.440 €	52	27.12.–02.01.	5	1.212 €	121.200 €

Lineare Preise, kostenlose OTC-Pflichthinweise
Stand: Juli 2009. Gültig ab 1. Januar 2010. Änderungen und Druckfehler vorbehalten.

Special-Ads

Preisübersicht für Werbespots im Rundfunk

Rundfunksender	Hörer pro Ø-Std.	Sendetag	Sendezeit	Durchschnittlich im Jahr Euro/1 Sek.	Euro/30 Sek.	Bemerkungen
Öffentlich-rechtliche Sender:						
Antenne Brandenburg	192 000	Mo. – Fr.	7:00 – 8:00 Uhr	23,00	690,00	Kernzielgruppe: 39 bis 59 Jahre
BRW Rundfunk – Bayern 1	783 000	Mo. – Fr.	7:00 – 8:00 Uhr	78,00	2.340,00	Kernzielgruppe: ab 40 Jahren
BRW Rundfunk – Bayern 3	629 000	Mo. – Fr.	7:00 – 8:00 Uhr	74,00	2.220,00	Kernzielgruppe: 14 bis 49 Jahre
Hessischer Rundfunk – HR 3	271 000	Mo. – Fr.	7:00 – 8:00 Uhr			Kernzielgruppe: 14 bis 49 Jahre
Mitteldeutscher Rundfunk – JUMP	475 000	Mo. – Fr.	7:00 – 8:00 Uhr	49,00	1.470,00	Kernzielgruppe: 20 bis 39 Jahre
Mitteldeutscher Rundfunk – MDR 1	750 000	Mo. – Fr.	7:00 – 8:00 Uhr	82,00	2.460,00	Kernzielgruppe: 30 bis 59 Jahre
Norddeutscher Rundfunk – NDR 2	602 000	Mo. – Fr.	7:00 – 8:00 Uhr			Kernzielgruppe: 20 bis 49 Jahre
Radio Bremen – Eins	79 000	Mo. – Fr.	7:00 – 8:00 Uhr	9,90	297,00	Kernzielgruppe: ab 30 Jahren
Radio Fritz	141 000	Mo. – Fr.	7:00 – 8:00 Uhr	21,00	630,00	Kernzielgruppe: 14 bis 25 Jahre
Radio NRW	1 336 000	Mo. – Fr.	7:00 – 8:00 Uhr			Kernzielgruppe: 20 bis 49 Jahre
Werbefunk Saar (Komi)	241 000	Mo. – Fr.	7:00 – 8:00 Uhr	29,00	870,00	Eurowelle, Saarlandwelle, Radio Salü
Südwestfunk – SWR 3	873 000	Mo. – Fr.	7:00 – 8:00 Uhr	121,00	3.630,00	Kernzielgruppe: 14 bis 49 Jahre
Südwestfunk – SWR1 Baden Württemberg	275 000	Mo. – Fr.	7:00 – 8:00 Uhr	29,00	870,00	Kernzielgruppe: 30 bis 55 Jahre
Westdeutscher Rundfunk – Eins Live	762 000	Mo. – Fr.	7:00 – 8:00 Uhr	135,00	4.050,00	Kernzielgruppe: 14 bis 29 Jahre
Westdeutscher Rundfunk – WDR 4	968 000	Mo. – Fr.	7:00 – 8:00 Uhr	67,00	2.280,00	Kernzielgruppe: ab 50 Jahren
Private Sender:						
Antenne Bayern	781 000	Mo. – Fr.	7:00 – 8:00 Uhr			Kernzielgruppe: 14 bis 49 Jahre
Antenne Sachsen (Landesweit)	173 000	Mo. – Fr.	7:00 – 8:00 Uhr	28,00	840,00	Kernzielgruppe: 30 bis 49 Jahre
Hit-Radio Antenne 1 – Baden Württemberg	338 000	Mo. – Fr.	7:00 – 8:00 Uhr	26,00	780,00	Kernzielgruppe: 18 bis 49 Jahre
Hit-Radio RPR Eins	360 000	Mo. – Fr.	7:00 – 8:00 Uhr	14,00	420,00	Kernzielgruppe: 14 bis 49 Jahre
Radio FFH – Hessen	655 000	Mo. – Fr.	7:00 – 8:00 Uhr	102,00	3.060,00	Kernzielgruppe: 14 bis 49 Jahre
Radio FFN – Niedersachsen	425 000	Mo. – Fr.	7:00 – 8:00 Uhr	58,00	1.740,00	Kernzielgruppe: 20 bis 39 Jahre
Radio Regenbogen – Gesamtbelegung	270 000	Mo. – Fr.	7:00 – 8:00 Uhr	46,00	1.380,00	Kernzielgruppe: 14 bis 49 Jahre
Radio Schleswig-Holstein	328 000	Mo. – Fr.	7:00 – 8:00 Uhr	51,00	1.530,00	Kernzielgruppe: 20 bis 45 Jahre
94,3 f.s.2 – gesamtes Sendegebiet	212 000	Mo. – Fr.	7:00 – 8:00 Uhr	31,00	930,00	Kernzielgruppe: 20 bis 49 Jahre

Die angegebenen Preise sind Bruttopreise zuzüglich gesetzlicher Umsatzsteuer

© Winklers 3222 Abraham : Nemeth : Schalk, interRad GmbH – Lernfeld Marketing

Einschaltpreise 2010 in Euro – hr3

Std.	Montag – Freitag 1 Sek.	Montag – Freitag 30 Sek.	Samstag 1 Sek.	Samstag 30 Sek.	Ø-Preis Mo – Sa* 1 Sek.	Ø-Preis Mo – Sa* 30 Sek.
05–06	6,00	180,00	–	–	6,00	180,00
06–07	36,00	1.080,00	6,00	180,00	31,00	930,00
07–08	50,00	1.500,00	11,50	345,00	43,58	1.307,50
08–09	40,00	1.200,00	23,50	705,00	37,25	1.117,50
09–10	33,00	990,00	29,00	870,00	32,33	970,00
10–11	17,00	510,00	26,00	780,00	18,50	555,00
11–12	18,00	540,00	16,00	480,00	17,67	530,00
12–13	18,00	540,00	16,00	480,00	17,67	530,00
13–14	18,00	540,00	10,00	300,00	16,67	500,00
14–15	16,00	480,00	7,00	210,00	14,50	435,00
15–16	16,00	480,00	6,00	180,00	14,33	430,00
16–17	21,00	630,00	6,00	180,00	18,50	555,00
17–18	21,00	630,00	6,00	180,00	18,50	555,00
18–19	17,50	525,00	6,00	180,00	15,58	467,50
19–20	11,00	330,00	6,00	180,00	10,17	305,00
20–21	6,50	195,00	6,00	180,00	6,42	192,50
21–22	5,00	150,00	5,00	150,00	5,00	150,00
22–23	4,00	120,00	5,00	150,00	4,17	125,00
Ø 6–18	25,33	760,00	13,58	407,50	23,38	701,25

*Die ausgewiesenen Durchschnittspreise stellen keinen offiziellen Bestandteil der Preisliste dar und sind lediglich als Serviceleistung der AS&S Radio GmbH zu verstehen.

Rabatte (jährlicher Brutto-Umsatz in Euro ab):

12.500	2,5 %
25.000	5,0 %
50.000	7,5 %
100.000	10,0 %
175.000	12,5 %
250.000	15,0 %

Quelle: hr werbung gmbh; es gelten die Allgemeinen Geschäftsbedingungen der hr werbung gmbh.
Stand: September 2009, gültig ab 1. Januar 2010, Änderungen vorbehalten.

Hessen

Einschaltpreise 2010 in Euro – NDR 2

Std.	Montag – Freitag 1 Sek.	Montag – Freitag 30 Sek.	Samstag 1 Sek.	Samstag 30 Sek.	Ø-Preis Mo – Sa* 1 Sek.	Ø-Preis Mo – Sa* 30 Sek.
05–06	15,40	462,00	1,60	48,00	13,10	393,00
06–07	69,00	2.070,00	3,80	114,00	58,13	1.744,00
07–08	98,00	2.940,00	13,60	408,00	83,93	2.518,00
08–09	68,00	2.040,00	47,30	1.419,00	64,55	1.936,50
09–10	48,00	1.440,00	69,60	2.088,00	51,60	1.548,00
10–11	38,50	1.155,00	58,00	1.740,00	41,75	1.252,50
11–12	41,20	1.236,00	49,00	1.470,00	42,50	1.275,00
12–13	43,40	1.302,00	30,00	900,00	41,17	1.235,00
13–14	35,50	1.065,00	13,00	390,00	31,75	952,50
14–15	32,40	972,00	11,60	348,00	28,93	868,00
15–16	40,60	1.218,00	22,20	666,00	37,53	1.126,00
16–17	44,00	1.320,00	32,20	966,00	42,03	1.261,00
17–18	44,40	1.332,00	28,30	849,00	41,72	1.251,50
18–19	35,00	1.050,00	8,30	249,00	30,55	916,50
Ø 6–18	50,25	1.507,50	31,55	946,50	47,13	1.414,00

*Die ausgewiesenen Durchschnittspreise stellen keinen offiziellen Bestandteil der Preisliste dar und sind lediglich als Serviceleistung der AS&S Radio GmbH zu verstehen.

Rabatte (jährlicher Brutto-Umsatz in Euro ab):

66.500	2,5 %
200.000	5,0 %
362.000	7,5 %
522.000	10,0 %
740.000	12,5 %

Quelle: AS&S Radio GmbH; es gelten die Allgemeinen Geschäftsbedingungen der NDR MEDIA GMBH.
Stand: September 2009, gültig ab 1. Januar 2010, Änderungen vorbehalten.

UNTERNEHMEN
NRW LOKALRADIOS
PROGRAMM
MEDIA & MARKETING
TEAM
TARIFE
MEDIADATEN
KAMPAGNENPLANUNG
SONDERFORMATE
SPONSORING
VIP-NEWSLETTER
PROMOTION/EVENTS
PRESSE

WAS KOSTET NRW?

Ein Blick auf unsere Preisliste genügt, um zu sehen, dass die besten Argumente für Werbung bei radio NRW immer noch Zahlen sind. Ein Argument hätten wir aber doch noch, ist aber auch eine Zahl: 1,613 Mio.*

(*Quelle: ma 2010 Radio II, dspr. Bevölkerung 10+, Mo.-Sa., durchschnittliche Stunde 6.00 bis 18.00 Uhr, Brutto-RW)

PREISLISTE NR. 21   PREISLISTE NR. 22

Sendezeit Einschaltzeit	Montag - Freitag €/1 Sek.	€/30Sek.	Samstag €/1 Sek.	€/30Sek.	Mo.-Sa.* €/30Sek.	Sonntag €/1 Sek.	€/30Sek.
00.00 - 05.00 Uhr	15,00	450,00	15,00	450,00	450,00	15,00	450,00
05.00 - 06.00 Uhr	37,50	1.125,00	15,00	450,00	1.012,50	15,00	450,00
06.00 - 07.00 Uhr	150,00	4.500,00	15,00	450,00	3.825,00	15,00	450,00
07.00 - 08.00 Uhr	216,00	6.480,00	15,00	450,00	5.475,00	17,00	510,00
08.00 - 09.00 Uhr	166,00	4.980,00	30,00	900,00	4.300,00	40,00	1.200,00
09.00 - 10.00 Uhr	124,00	3.720,00	97,00	2.910,00	3.585,00	103,00	3.090,00
10.00 - 11.00 Uhr	82,00	2.460,00	100,00	3.000,00	2.550,00	104,00	3.120,00
11.00 - 12.00 Uhr	68,00	2.040,00	98,50	2.955,00	2.192,50	90,00	2.700,00
12.00 - 13.00 Uhr	67,00	2.010,00	65,50	1.965,00	2.002,50	57,00	1.710,00
13.00 - 14.00 Uhr	64,00	1.920,00	22,00	660,00	1.710,00	35,00	1.050,00
14.00 - 15.00 Uhr	59,00	1.770,00	18,00	540,00	1.565,00	33,00	990,00
15.00 - 16.00 Uhr	61,00	1.830,00	18,00	540,00	1.615,00	33,00	990,00
16.00 - 17.00 Uhr	64,00	1.920,00	18,00	540,00	1.690,00	33,00	990,00
17.00 - 18.00 Uhr	60,00	1.800,00	18,00	540,00	1.590,00	25,00	750,00
18.00 - 19.00 Uhr	49,50	1.485,00	18,00	540,00	1.327,50	18,00	540,00
19.00 - 20.00 Uhr	40,00	1.200,00	18,00	540,00	1.090,00	18,00	540,00
20.00 - 21.00 Uhr	20,00	600,00	18,00	540,00	590,00	18,00	540,00
21.00 - 22.00 Uhr	20,00	600,00	18,00	540,00	590,00	18,00	540,00
22.00 - 23.00 Uhr	20,00	600,00	18,00	540,00	590,00	18,00	540,00
23.00 - 24.00 Uhr	20,00	600,00	18,00	540,00	590,00	18,00	540,00
Ø-Std. 6:00 - 18:00 Uhr	98,42	2.952,50	42,92	1.287,50	2.675,00	48,75	1.462,50

*gewichteter Preis

Alle Preise sind AE-fähig, zzgl. gesetzl. MwSt.

Rabatte (pro Jahr und Kunde):
- 2% ab 1.000 Sekunden
- 3% ab 3.000 Sekunden
- 5% ab 5.000 Sekunden
- 7% ab 7.500 Sekunden
- 9% ab 10.000 Sekunden
- 11% ab 13.000 Sekunden
- 13% ab 16.000 Sekunden
- 15% ab 20.000 Sekunden

PREISE

Gesamtbelegung

R.SH

Preisübersicht Gesamtbelegung

Uhrzeit	Montag – Freitag €/Sek.	€/30 Sek.	Samstag €/Sek.	€/30 Sek.	Sonntag/Feiertag €/Sek.	€/30 Sek.
0 – 5	6,25	187,50	3,25	97,50	3,25	97,50
5 – 6	33,00	990,00	3,75	112,50	5,25	157,50
6 – 7	48,00	1.440,00	3,75	112,50	5,25	157,50
7 – 8	51,00	1.530,00	20,00	600,00	10,00	300,00
8 – 9	45,00	1.350,00	36,00	1.080,00	28,00	840,00
9 – 10	35,50	1.065,00	41,00	1.230,00	28,50	855,00
10 – 11	18,00	540,00	41,00	1.230,00	28,50	855,00
11 – 12	18,00	540,00	41,00	1.230,00	28,50	855,00
12 – 13	19,25	577,50	23,25	697,50	22,50	675,00
13 – 14	17,00	510,00	12,50	375,00	11,00	330,00
14 – 15	17,00	510,00	9,25	277,50	11,00	330,00
15 – 16	19,50	585,00	6,25	187,50	11,00	330,00
16 – 17	23,00	690,00	6,25	187,50	10,50	315,00
17 – 18	23,00	690,00	6,25	187,50	10,50	315,00
18 – 19	17,00	510,00	5,25	157,50	10,50	315,00
19 – 20	16,00	480,00	5,25	157,50	10,50	315,00
20 – 21	8,25	247,50	5,25	157,50	7,25	217,50
21 – 22	8,25	247,50	5,25	157,50	3,25	97,50
22 – 23	6,25	187,50	5,00	150,00	3,25	97,50
23 – 24	6,25	187,50	5,00	150,00	3,25	97,50
Ø 6 – 18	27,85	835,63	20,54	616,25	17,10	513,13

Die Abrechnung erfolgt auf Basis der effektiv ausgestrahlten Sekunden. Alle Preise zuzüglich gesetzlicher Mehrwertsteuer. Die Durchschnittspreise stellen keinen offiziellen Bestandteil der Preisliste dar und dienen zur Orientierung.

Rabattstaffel

ab	1.000 Sek.	2,5 %
ab	2.500 Sek.	3,0 %
ab	4.000 Sek.	5,0 %
ab	6.500 Sek.	7,5 %
ab	8.500 Sek.	10,0 %
ab	10.000 Sek.	12,5 %
ab	15.000 Sek.	15,0 %

Angebote

■ **Evening-Offer:** Ab einer Buchung von 360 Sekunden in der Zeit zwischen 19 und 24 Uhr gewähren wir Ihnen einen Rabatt von 50 % auf die jeweiligen Preise. Eine Rabattierung nach der bestehenden Rabattstaffel erfolgt ausschließlich auf die gebuchten Sekundenvolumina innerhalb der Evening-Offer. Das Angebot gilt auch für die Regionalbelegungen.

■ Die Buchung von **Single-Spots** ist gegen einen Aufschlag von 50 % möglich.

■ **Eckplatzierungen** können mit einem Aufschlag von 25 % gebucht werden.

Nutzen Sie auch unseren Online-Kalkulator auf www.MACH3.de!

PREISE GESAMTBELEGUNG

Preisliste 22 · gültig ab 01.01.2010

antenne BAYERN

Seite 8

Einschaltpreise, TKPs und Rabatte

Einschaltzeit	Montag bis Freitag Preis pro Sek./€	Montag bis Freitag Preis pro 30 Sek./€	Samstag Preis pro Sek./€	Samstag Preis pro 30 Sek./€	Sonntag Preis pro Sek./€	Sonntag Preis pro 30 Sek./€
05:00-06:00* Uhr	35,00	1.050,00	6,00	180,00	6,00	180,00
06:00-07:00* Uhr	171,00	5.130,00	12,00	360,00	12,00	360,00
07:00-08:00* Uhr	197,00	5.910,00	52,00	1.560,00	27,00	810,00
08:00-09:00* Uhr	137,00	4.110,00	99,00	2.970,00	50,00	1.500,00
09:00-10:00* Uhr	82,00	2.460,00	115,00	3.450,00	70,00	2.100,00
10:00-11:00* Uhr	62,00	1.860,00	90,00	2.700,00	77,00	2.310,00
11:00-12:00* Uhr	61,00	1.830,00	84,00	2.520,00	70,00	2.100,00
12:00-13:00* Uhr	81,00	2.430,00	74,00	2.220,00	51,00	1.530,00
13:00-14:00* Uhr	67,00	2.010,00	47,00	1.410,00	35,00	1.050,00
14:00-15:00* Uhr	50,00	1.500,00	38,00	1.140,00	20,00	600,00
15:00-16:00* Uhr	48,00	1.440,00	30,00	900,00	20,00	600,00
16:00-17:00* Uhr	65,00	1.950,00	24,00	720,00	22,00	660,00
17:00-18:00* Uhr	66,00	1.980,00	20,00	600,00	24,00	720,00
18:00-19:00* Uhr	41,00	1.230,00	20,00	600,00	20,00	600,00
19:00-20:00* Uhr	24,00	720,00	17,00	510,00	17,00	510,00
20:00-21:00* Uhr	15,00	450,00	15,00	450,00	15,00	450,00
21:00-22:00* Uhr	11,00	330,00	11,00	330,00	11,00	330,00
22:00-23:00* Uhr	9,00	270,00	9,00	270,00	9,00	270,00
23:00-24:00* Uhr	7,00	210,00	7,00	210,00	7,00	210,00
00:00-05:00* Uhr	7,00	210,00	7,00	210,00	7,00	210,00
Ø 06:00-18:00 Uhr	90,58	2.717,50	57,08	1.712,50	39,83	1.195,00

* Single-Spot-Platzierung (25 % Preisaufschlag) auf Anfrage möglich.

Preisübersicht für Werbeanzeigen in Tageszeitungen, Publikums-, Fachzeitschriften

Tageszeitungen/Publikums-/Fachzeitschriften	Erscheinungsweise	Verkaufte Auflage	1/1 Seitenpreis – Euro Schwarzweiß	1/1 Seitenpreis – Euro Drei-/vierfarbig	Bemerkungen
Tageszeitungen:					
Berliner Morgenpost	täglich	Mo. – Fr. 143 816	17.107,20	24.921,60	
Die Welt	täglich	Mo. – Sa. 235 521	24.921,60	28.089,60	
Frankfurter Allgemeine Zeitung	täglich	Mo. – Fr. 397 666	33.792,00	52.377,60	
Frankfurter Rundschau	täglich	Mo. – Fr. 105 000	19.852,80	26.822,40	
Hamburger Abendblatt	täglich	Mo. – Fr. 275 071	25.977,60	36.030,72	
Leipziger Volkszeitung	täglich	Mo. – Fr. 300 096			Gesamtausgabe/Grundpreis – 3 Zusatzfarben
Mitteldeutsche Zeitung	täglich	Mo. – Sa. 327 400	35.675,64	51.734,76	Gesamtausgabe
Süddeutsche Zeitung	täglich	Mo. – Fr. 411 345	36.326,40	51.532,80	
Weser-Kurier	täglich	Mo. – Sa. 194 417	19.173,70	25.896,50	Grundpreis
Westdeutsche Allgemeine	täglich	Mo. – Sa. 1 063 834	112.576,10	151.980,85	Gesamtausgabe
Publikumszeitschriften:					
ADAC Motorwelt	monatlich	13 502 993	70.400,00	98.400,00	
Auf einen Blick	wöchentlich	1 719 955	24.100,00	32.750,00	
Auto Motor und Sport	vierzehntägig	452 608	19.400,00	31.500,00	
Bravo – Sport	wöchentlich	718 662			Preiszone 1 – Preiszone 2
Brigitte	vierzehntägig	830 783	33.900,00	46.900,00	
Focus	wöchentlich	810 154	30.000,00	41.500,00	
Spiegel	wöchentlich	1069 047	32.500,00	47.500,00	Farbanzeige im Innenteil
Stern	wöchentlich	1 073 591			Preiszone 1 – Preiszone 2 – 1/1 Seite Innenteil
tv Hören und Sehen	wöchentlich	1 386 311	25.000,00	30.000,00	
TV Movie	vierzehntägig	2 109 663	49.200,00	49.200,00	
Fachzeitschriften:					
bike	monatlich	88 000	5.400,00	9.720,00	
Fit for Fun	monatlich	293 793	17.500,00	22.200,00	
Tour	monatlich	100 483	4.750,00	8.050,00	
Trekkingbike	6 x pro Jahr	25 000			Grundpreise: s/w und 3 Zusatzfarben

Die angegebenen Preise sind Bruttopreise zuzüglich gesetzlicher Umsatzsteuer. Sie berücksichtigen keine Rabatte.

LEIPZIGER VOLKSZEITUNG - Anzeigenpreisliste Nr. 22 • Gültig ab 01.01.2010 • NIELSEN VII

7 Preise: Gesamtausgabe und Hauptausgabe

	Gesamtausgabe Grundpreis	Gesamtausgabe Ortspreis	Hauptausgabe Grundpreis	Hauptausgabe Ortspreis
Schwarz-Weiß (EUR je mm)	**11,67**	**9,92**	**9,88**	**8,40**
1/1 Seite (Festpreis)	49.143,60	41.776,68	41.582,64	35.356,20
Textteilanzeigen	46,68	39,68	39,52	33,60
Eckfeldanzeigen	14,60	12,40	12,35	10,49
Titelkopfanzeigen (Festpreis)	4.109,60	3.493,16	3.481,96	2.959,66
Griffecke	51,39	43,68	43,52	36,99
1 Zusatzfarbe (EUR je mm)	**14,01**	**11,91**	**11,85**	**10,07**
Mindestpreis (50 mm)	700,50	595,50	592,50	503,50
1/1 Seite (Festpreis)	59.002,68	50.157,36	49.878,84	42.385,20
Textteilanzeigen	56,04	47,64	47,40	40,28
Eckfeldanzeigen	17,52	14,89	14,82	12,59
Titelkopfanzeigen (Festpreis)	4.931,52	4.191,79	4.176,85	3.550,32
Griffecke	61,64	52,39	52,21	44,37
2 Zusatzfarben (EUR je mm)	**15,55**	**13,22**	**13,16**	**11,18**
Mindestpreis (100 mm)	1.555,00	1.322,00	1.316,00	1.118,00
1/1 Seite (Festpreis)	65.482,56	55.674,08	55.387,20	47.057,12
Textteilanzeigen	93,30	79,32	78,96	67,08
Eckfeldanzeigen	20,49	17,42	17,35	14,73
Titelkopfanzeigen (Festpreis)	5.472,14	4.651,31	4.636,38	3.940,92
Griffecke	102,62	87,22	86,94	73,89
3 Zusatzfarben (EUR je mm)	**17,26**	**14,67**	**14,61**	**12,41**
Mindestpreis (100 mm)	1.726,00	1.467,00	1.461,00	1.241,00
1/1 Seite (Festpreis)	72.688,88	61.773,80	61.495,28	52.235,92
Textteilanzeigen	103,56	88,02	87,66	74,46
Eckfeldanzeigen	22,55	19,16	19,08	16,21
Titelkopfanzeigen (Festpreis)	6.074,30	5.163,15	5.148,21	4.375,97
Griffecke	113,90	96,81	96,53	82,05
Zeilenanzeigen (EUR je Zeile)	**19,58**	**16,64**	**14,99**	**12,74**

Gesamtausgabe — GESA

Rubrikenpreise siehe Blatt 9/10.
Zeilenanzeigen, Titelkopfanzeigen und Griffecken erscheinen nicht in der Ausgabe Naumburger Tageblatt. Splittingpreise für seitenteilige Anzeigen siehe Blatt 16.

Hauptausgabe — HAU

8 Preise: Stadtausgabe

	Stadtausgabe Grundpreis	Stadtausgabe Ortspreis
Schwarz-Weiß (EUR je mm)	**5,41**	**4,60**
1/1 Seite (Festpreis)	22.851,84	19.430,40
Textteilanzeigen	21,64	18,40
Eckfeldanzeigen	6,76	5,74
Titelkopfanzeigen (Festpreis)	2.606,47	2.215,49
Griffecke	24,88	21,14
1 Zusatzfarbe (EUR je mm)	**6,50**	**5,52**
Mindestpreis (50 mm)	325,00	276,00
1/1 Seite (Festpreis)	27.456,00	23.316,48
Textteilanzeigen	26,00	22,08
Eckfeldanzeigen	8,12	6,90
Titelkopfanzeigen (Festpreis)	3.129,64	2.660,19
Griffecke	29,84	25,36
2 Zusatzfarben (EUR je mm)	**7,21**	**6,12**
Mindestpreis (100 mm)	721,00	612,00
1/1 Seite (Festpreis)	30.455,04	25.850,88
Textteilanzeigen	43,26	36,72
Eckfeldanzeigen	9,50	8,07
Titelkopfanzeigen (Festpreis)	3.472,70	2.951,79
Griffecke	49,68	42,22
3 Zusatzfarben (EUR je mm)	**8,00**	**6,80**
Mindestpreis (100 mm)	800,00	680,00
1/1 Seite (Festpreis)	33.792,00	28.723,20
Textteilanzeigen	48,00	40,80
Eckfeldanzeigen	10,45	8,88
Titelkopfanzeigen (Festpreis)	3.853,50	3.275,47
Griffecke	55,17	46,89
Zeilenanzeigen (EUR je Zeile)	**9,51**	**8,08**

Alle Preise in EURO zuzüglich Mehrwertsteuer. Titelkopfanzeigen und Griffecken nur auf Anfrage.

Stadtausgabe — LST

Rubrikenpreise siehe Blatt 9/10.

Für komplett in Schriftschnitt "fett" gedruckte Zeilenanzeigen wird ein Aufschlag von 15% berechnet.

Rubrikenpreise in der Gesamt-, Haupt- bzw. Stadtausgabe betreffen die Rubriken Stellenmarkt, Kfz- und Immobilienmarkt sowie Reisemarkt.

Verlagsangaben · Auflage · Anzeigenformate · Gesamtausgabe
Schlusstermine · Preise Übersicht · Sonderformate · Hauptausgabe
Rabatte/Kombis · Verbreitungsgebiet · Platzierungen · Stadtausgabe

© Winklers 3222 Abraham : Nemeth : Schalk, interRad GmbH – Lernfeld Marketing

PREISLISTE 2010

Nr. 16 · Gültig ab 1. Januar 2010

1. Redaktionelles Konzept
2. Verlags- und allgemeine Angaben
3. Grundpreise/Rabatte
4. Technische Angaben
5. Formate/Preise
6. Termine/Preiszonen
7. Bravo Sport-Specials
8. Bauer Extras
9. Crossmedia
10. Ansprechpartner

---

3 Grundpreise/Rabatte

Preisliste Nr. 16
Gültig ab 1. Januar 2010

Basis-Seitenpreis für alle Farben
Preiszone 1:	€ 15.994,–
Preiszone 2:	€ 17.098,–
Preiszone 3:	€ 14.954,–
Durchschnitts-Seitenpreis:	**€ 16.551,–**

Zeiträume für Preiszonen siehe unter 5 und 6

Bei den Durchschnitts-Seitenpreisen handelt es sich um zeitlich auf Basis der Kalendermonate 2010 gewichtete und aus Darstellungsgründen ggf. kaufmännisch gerundete Durchschnittspreise für das Gesamtjahr.
Diese sind nicht buchbar.

Mengenstaffel
ab 3 Seiten	5%	ab 9 Seiten	15%
ab 6 Seiten	10%	ab 12 Seiten	20%

Es kann nur eine der beiden Rabattstaffeln zur Anwendung kommen.

Anzeigen in der BRAVO KOMBINATION BOYS oder der BRAVO KOMBINATION BIG werden bei gleichem Abschlussjahr für die Rabattierung des BRAVO Sport-Einzelauftrages mitgezählt. Es gilt die BRAVO Sport-Rabattstaffel.

Seiten-Umsatzstaffel*

Brutto-Umsatz in €	Rabatt in %	Brutto-Umsatz in €	Rabatt in %
ab 1.600.000	18,00	ab 5.100.000	21,50
ab 1.850.000	18,25	ab 5.350.000	21,75
ab 2.100.000	18,50	ab 5.600.000	22,00
ab 2.350.000	18,75	ab 5.850.000	22,25
ab 2.600.000	19,00	ab 6.100.000	22,50
ab 2.850.000	19,25	ab 6.350.000	22,75
ab 3.100.000	19,50	ab 6.600.000	23,00
ab 3.350.000	19,75	ab 6.850.000	23,25
ab 3.600.000	20,00	ab 7.100.000	23,50
ab 3.850.000	20,25	ab 7.350.000	23,75
ab 4.100.000	20,50	ab 7.600.000	24,00
ab 4.350.000	20,75	ab 7.850.000	24,25
ab 4.600.000	21,00	ab 8.100.000	24,50
ab 4.850.000	21,25		

* bei Anwendung der Seiten-Umsatzstaffel werden bei gleichem Abschlussjahr die Seiten-Brutto-Umsätze eines Kunden bzw. Konzerns in allen Titeln der Bauer Media KG sowie in Freizeitwoche, Mini, Avanti, Schöne Woche, Happy Day, Superfreizeit und Woche Heute für die Rabattierung berücksichtigt, ausgenommen alle Internet-Angebote.

Bemerkungen: Preiszone 1/Preiszone 2

© Winklers 3222 Abraham : Nemeth : Schalk, interRad GmbH – Lernfeld Marketing

4 Anzeigenformate* *NEU* und -preise ★stern

Format	Maße
1/1-Seite	213 x 285 mm (Breite x Höhe)
3/4-Seite hoch	153 x 285 mm
2/3-Seite quer	213 x 188 mm
1/2-Seite hoch	104 x 285 mm
1/2-Seite quer	213 x 140 mm
1/3-Seite hoch	69 x 285 mm
1/3-Seite quer	213 x 92 mm
1/4-Seite hoch	50 x 285 mm
1/4-Seite normal**	104 x 140 mm
1/4-Seite quer	213 x 68 mm
2/1-Seite	426 x 285 mm
1 1/3-Seiten (1 + 1/3 hoch)	282 x 285 mm
1 1/4-Seiten (1 + 1/4 hoch)	263 x 285 mm
1/8-Seite hoch**	50 x 140 mm
1/8-Seite normal**	104 x 68 mm
1 1/3-Seiten (2 x 2/3 quer)	426 x 188 mm
1 Seite (2 x 1/2 quer)	426 x 140 mm
2/3 Seite (2 x 1/3 quer)	426 x 92 mm

* Formatangabe im Anschnitt (Breite x Höhe). Beschnittzugabe bei angeschnittenen Anzeigen: an allen Seiten 5 mm. Satzspiegel: 1/1 Seite 192 x 271 mm, 2/1 Seite 402 x 271 mm
** Eckfeldanzeigen: 1/4 und 1/8 Seiten können bis zu einer 1/2 Seite mit Fremdanzeigen aufgefüllt werden. Für die Alleinstellung dieser Formate auf einer Seite wird ein Zuschlag von 20% auf den Grundpreis berechnet.
Die dargestellten Formate sind Standardformate. Sonderformate auf Anfrage. Informationen auch unter www.media.stern.de/lookandbook-sonderformate.

	Preiszone 1 1. 1. - 28. 2. 10 1. 6. - 31. 8. 10 farbig und sw	Preiszone 2 1. 3. - 31. 5. 10 1. 9. - 31.12. 10 farbig und sw	Durch- schnittspreis (nicht buchbar) farbig und sw
Formate auf Einzelseiten			
1/1 Seite **(Innenteil)**	53.900,–	57.800,–	56.175,–
1/1 Seite **(2./4. Umschlagseite)**	61.500,–	65.800,–	64.008,–
1/1 Seite **(1. rechte 1/1 Anzeige)**	59.300,–	63.500,–	61.750,–
3/4 Seite	43.200,–	46.200,–	44.950,–
2/3 Seite	39.100,-	41.900,–	40.733,–
1/2 Seite	32.700,–	35.000,–	34.042,–
1/3 Seite **(Innenteil)**	24.000,–	25.700,–	24.992,–
1/3 Seite **(1. 1/3 Anzeige im Innenteil)**	26.300,–	28.200,–	27.408,–
1/3 Seite **(1/3 Anzeige neben Editorial)**	27.300,–	29.300,–	28.467,–
1/4 Seite*	20.000,–	21.400,–	20.817,–
1/8 Seite*	11.300,–	12.100,–	11.767,–
Formate auf Doppelseiten			
2/1 Seite **(Innenteil)**	107.800,–	115.600,–	112.350,–
2/1 Seite **(1. Doppelseite im Heft)**	118.700,–	127.100,–	123.600,–
2/1 Seite **(2. US + Seite 3)**	145.600,–	155.900,–	151.608,–
1 1/3 Seite (1/1 + 1/3 Seite hoch)	77.900,–	83.500,–	81.167,–
1 1/3 Seiten (2 x 2/3 quer Seite quer über Bund)	78.200,–	83.800,–	81.467,–
1 1/4 Seite (1/1 + 1/4 Seite hoch)	73.900,–	79.200,–	76.992,–
1/1 Seite (2 x 1/2 Seite quer über Bund)	65,400,–	70.000,–	68.083,–
2/3 Seite (2 x 1/3 Seite quer über Bund)	48.000,–	51.400,–	49.983,–

* Eckfeldanzeigen: 1/4 und 1/8 Seiten können bis zu einer 1/2 Seite mit Fremdanzeigen aufgefüllt werden. Für die Alleinstellung dieser Formate auf einer Seite wird ein Zuschlag von 20% auf den Grundpreis berechnet.
Die dargestellten Formate sind Standardformate. Sonderformate auf Anfrage. Informationen auch unter www.media.stern.de/lookandbook-sonderformate.

Alle Preisangaben in Euro; die gesetzliche Mehrwertsteuer wird auf den Netto-Rechnungsbetrag aufgeschlagen.
Die Zuordnung einer Ausgabe zu einer Preiszone richtet sich nach dem EVT der Ausgabe.

Preisliste Nr. 61. Gültig ab 1. 1. 2010

Bemerkungen: Preiszone 1 + Preiszone 2 im Innenteil

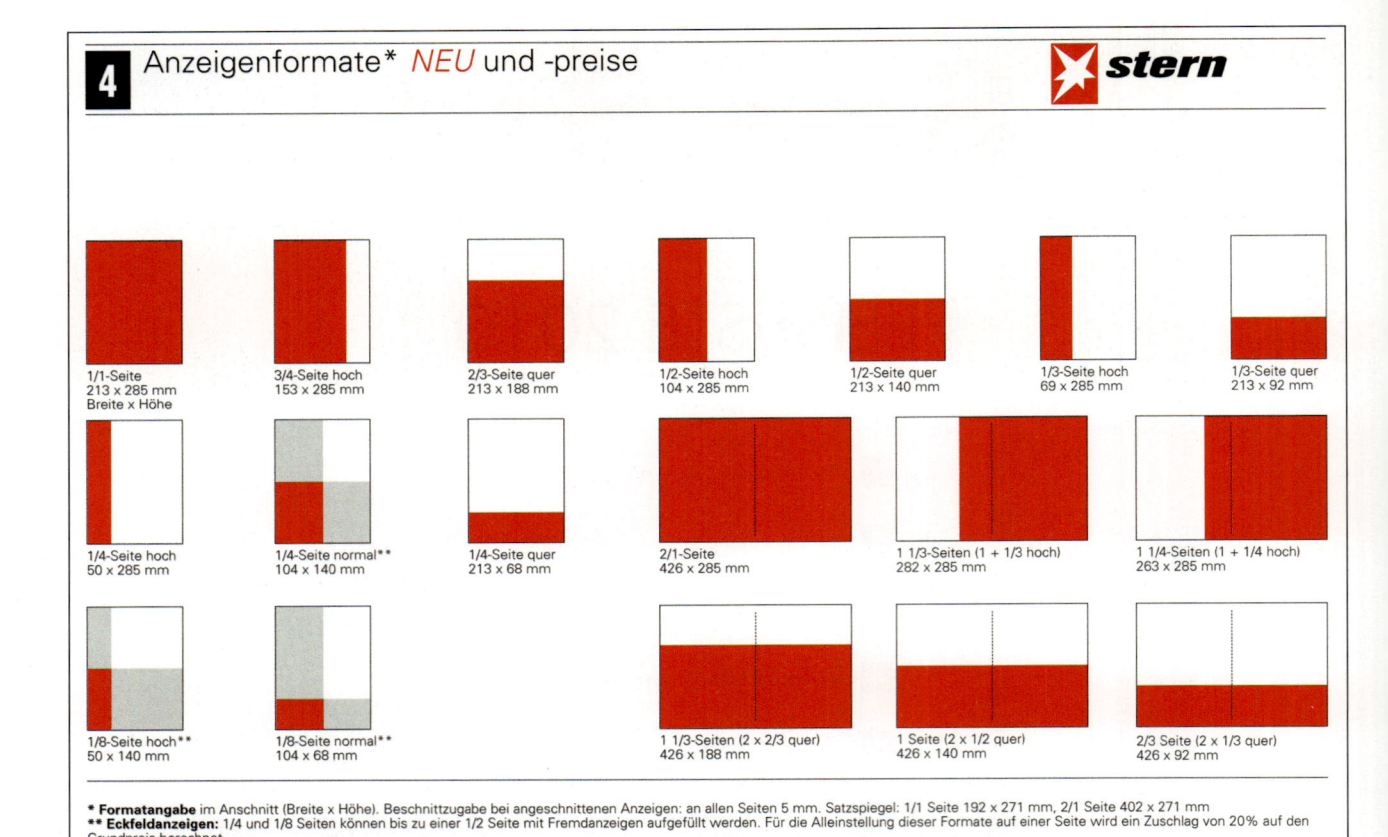

MEDIADATEN DELIUS KLASING VERLAG 2010
Preisliste Nr. 9

Trekkingbike
www.trekkingbike.com

Media-Informationen — Gültig ab 1/2010

Zeitschriftenformat	210 mm breit x 280 mm hoch
Satzspiegel	184 mm breit x 252 mm hoch, 4 Spalten à 43 mm Breite
Erscheinungsweise	6 x pro Jahr
Druckverfahren	CTP (im Rollenoffset/Inhalt) Profil: PSO-LWC-Improved 45L; (Bogenoffset/Umschlag) Profil ISO-Coated V2 oder FOGRA 39L. Europaskala. Leichte Tonwertabweichungen sind im Toleranzbereich des Druckverfahrens begründet.
Dateiformate (Mac oder PC)	QuarkXPress – 7.0, FreeHand – 10.0, Illustrator – CS 3, Photoshop – CS 3, InDesign – CS 3, (Word- und Excel-Dateien können **nicht** verwendet werden!). Schriften beigestellt oder in Pfade umgewandelt. Proof, bzw. Farbausdruck oder sw-Ausdruck ist unbedingt erforderlich. Anzeigen bitte als geschlossenes Dateiformat (EPS oder Composit-PDF) versenden. Farbanzeigen im CMYK-Farbmodus. Sonderfarben und Daten im RGB-Farbmodus sind **nicht** zu verarbeiten. Die Gewähr für Reproqualität und korrekte Datenübermittlung übernimmt der Auftraggeber. In angelieferten Daten werden durch die Druckerei keine Korrekturen vorgenommen. **Für weitere Details fordern Sie unser Infoblatt an! Kosten für die Datenerstellung sind nicht im Anzeigenpreis enthalten!**
Anlieferung der Daten Online	E-Mail: anzeigen@kunst-undwerbedruck.de, Upload Portal: www.anzeigen.kunst-undwerbedruck.de

Spezialtarif Trekkingbike »Marktplatz«

Anzeigenpreise und Formate im Rubrikenteil

Seitenteile	Satzspiegel Breite × Höhe	Anschnitt* Breite × Höhe	schwarz/weiß	1 Zusatzfarbe (2c)	2 Zusatzfarben (3c)	3 Zusatzfarben (4c)
1/1	184 × 252	210 × 280	2.205,–	2.380,–	2.555,–	2.730,–
1/2 hoch 1/2 quer	90 × 252 184 × 124	103 × 280 210 × 136	1.105,–	1.195,–	1.285,–	1.375,–
1/3 quer	184 × 82	–	740,–	800,–	860,–	920,–
1/4 einspaltig 1/4 zweispaltig 1/4 vierspaltig	43 × 252 90 × 124 184 × 60	–	550,–	600,–	650,–	700,–
1/8 einspaltig 1/8 zweispaltig 1/8 vierspaltig	43 × 124 90 × 60 184 × 28	–	275,–	300,–	325,–	350,–
1/16 hoch 1/16 quer	43 × 60 90 × 28	–	138,–	150,–	163,–	175,–
1/32	43 × 28	–	69,–	75,–	82,–	88,–

Alle Preise zuzüglich gesetzlicher Mehrwertsteuer.
* Beschnittzugabe allseitig + 3 mm. Text- und bildwichtige Teile 10 mm nach innen legen.

© Winklers 3222 Abraham : Nemeth : Schalk, interRad GmbH – Lernfeld Marketing

MOPLAK MEDIEN SERVICE

MOPLAK - Großflächen

GF

0211-5361-0
www.moplak.de

Das guckst Du!

Tarife

PREISLISTE GF und CSB

Preisliste für Großflächen und City-Star-Board

Ortsgrößen in Tausend EW	Großflächen-Preise nach Leistungsklassen (LK)						
bis 99,9 ohne Einzel-stellenbewertung	unbeleuchtet: beleuchtet:	7,40 EURO 14,00 EURO	an TOP-Standorten				
	Leistungsklasse	LK5	LK4	LK3	LK2	LK1	LK TOP
100 bis 499,9 inklusive Jena und Trier	unbeleuchtet beleuchtet	3,60 EURO	6,30 EURO	8,50 EURO 11,10 EURO	11,80 EURO 14,50 EURO	15,30 EURO 18,60 EURO	18,90 EURO 22,10 EURO
500 bis 999,9 inklusive Nürnberg und Leipzig	unbeleuchtet beleuchtet	4,65 EURO	6,80 EURO	9,55 EURO 12,15 EURO	12,90 EURO 15,60 EURO	16,40 EURO 19,70 EURO	20,00 EURO 23,20 EURO
ab 1000 inklusive Köln	unbeleuchtet beleuchtet	5,65 EURO	7,85 EURO	10,60 EURO 13,30 EURO	13,95 EURO 16,70 EURO	17,50 EURO 20,80 EURO	21,10 EURO 24,30 EURO

ohne Bewertung

U-Bahn Dortmund und Düsseldorf	unbeleuchtet	12,05 EURO	Sonder-Großfläche (SGF)	unbeleuchtet	11,00 EURO
Einkaufszentrum-Großfläche (EKZ-GF)	unbeleuchtet	8,70 EURO			
Einkaufszentrum-Großfläche (EKZ-GF)	beleuchtet	12,50 EURO			

City-Star-Board
· An außerordentlich attraktiven und leistungsstarken Standorten.
· An Haupt- und Durchgangsstraßen, an Verkehrsknotenpunkten mit starker Frequenz und hoher Medialeistung.
· Quer zur Fahrbahn plaziert.

City-Star-Board · Preise nach Einwohnerzahlen in Tausend

bis 99,9	100 bis 499,9	500 bis 999,9	ab 1000
20,10 EUR	21,50 EURO inkl. Jena, Trier	23,10 EURO inkl. Nürnberg, Leibzig	24,55 EURO

MOPLAK Medien Service GmbH · Schiess-Straße 68 · 40549 Düsseldorf · Postfach 110749 · 40507 Düsseldorf · Fon 0211/5361-0 · Fax 0211/5361-399 · www.moplak.de

PLAKATFORMATE II

Abmessungen aus der **Querlage** eines 1/1-Bogens (DIN A1)

42 x 59 cm	1/2-Bogen
84 x 59 cm	1/1-Bogen
84 x 119 cm	2/1-Bogen
84 x 178 cm	3/1-Bogen
84 x 238 cm	4/1-Bogen
168 x 238 cm	8/1-Bogen
336 x 238 cm · 16/1-Bogen	Großfläche (Österreich)

Abmessungen aus der **Hochlage** eines 1/1 Bogens (DIN A1)

59 x 42 cm	1/2-Bogen
59 x 84 cm	1/1-Bogen
59 x 168 cm	2/1-Bogen
119 x 168 cm	4/1-Bogen
119 x 252 cm	6/1-Bogen
356 x 252 cm · 18/1-Bogen	Großfläche (Deutschland)

ALLGEMEINE GESCHÄFTSBEDINGUNGEN

Allgemeine Geschäftsbedingungen für den Plakatanschlag — Teil 1

1. Gegenstand der Allgemeinen Geschäftsbedingungen
Gegenstand der nachfolgenden Allgemeinen Geschäftsbedingungen ist der Vertrag über die Durchführung von Plakatanschlag an Anschlagstellen.

2. Art der Anschlagstellen
2.1 Allgemeine Anschlagstellen sind Säulen oder Tafeln, die dem Anschlag jeweils mehrerer Werbungtreibender dienen und aufgrund eines Pachtvertrages mit der zuständigen Gemeinde, in der Regel auf öffentlichem Grund und Boden errichtet sind.
2.2 Ganzstellen sind Werbeflächen (vorzugsweise Säulen), die dem Anschlag jeweils nur eines Werbungtreibenden dienen, in der Regel auf öffentlichem Grund und Boden errichtet sind sowie von dem jeweiligen örtlichen Pächter des Allgemeinen Plakatanschlags verwaltet werden.
2.3 Großflächen sind Tafeln, die dem Anschlag jeweils nur eines Werbungtreibenden dienen, in der Regel auf privatem Grund und Boden errichtet und für den Anschlag von 18/1-Bogen (356 cm breit x 252 cm hoch) vorgesehen sind.
2.4 Spezialstellen sind Säulen, Tafeln oder Flächen, die weder Allgemeine Anschlagstellen, noch Ganzstellen, noch Großflächen sind und im Hinblick auf Format, Errichtungs- oder Anbringungsdauer, Verwendungsmöglichkeit, Standort oder sonstige Besonderheiten, Abweichungen aufweisen.

3. Großflächenstandorte
Großflächen, die gleichzeitig sichtbar sind und voneinander einen geringeren Abstand haben als 7,20 m in einer Geraden oder 3,60 m bei anderer Anordnung oder natürlicher baulicher Unterbrechung gelten als ein Standort.

4. Plakatformate
4.1 Die Plakatformate entsprechen den vom Deutschen Normenausschuss für Papierformate festgelegten Normen (DIN 683). Die Maße werden in der Reihenfolge Breite x Höhe (B x H) angegeben.
4.2 Das Plakatgrundmaß ist DIN A1 (59 x 84 cm). Alle größeren Plakatformate ergeben sich aus dem Mehrfachen des Grundmaßes. Werden kleinere DIN-Formate angenommen, ist dies in der Preisliste ausgewiesen.

5. Auftragsannahme
5.1 Anschlagaufträge sind im Zweifel innerhalb eines Auftragsjahres in der jeweiligen Ortschaft abzuwickeln. Der Auftraggeber ist berechtigt, innerhalb des Kalenderjahres auch über das im Auftrag genannte Anschlagvolumen hinaus weitere Anschläge abzurufen.
5.2 Das Anschlagunternehmen erklärt sich unverzüglich über Annahme oder Ablehnung von Anschlagaufträgen.
5.3 Ist kein Festauftrag erteilt, gilt ein Rücktrittsrecht bis 90 Tage vor Anschlagbeginn.
5.4 Die Verantwortung für Form und Inhalt der Plakate und für die Beachtung aller einschlägigen Vorschriften trägt allein der Auftraggeber. Das Anschlagunternehmen ist berechtigt, auch bei rechtsverbindlich bestätigten Aufträgen Plakate zurückzuweisen, deren Inhalt nach seinem pflichtgemäßen Ermessen gegen behördliche Bestimmungen, Gesetze oder die guten Sitten verstößt oder deren Anbringung für es unzumutbar wäre.

6. Konkurrenzausschluss
6.1 Aufträge von Werbeagenturen und Werbungsmittlern werden nur für namentlich bezeichnete Werbungstreibende unter Angabe der Produktgruppe angenommen, wenn ihnen nachweislich ein entsprechender Auftrag erteilt ist.
6.2 Der Ausschluss von Wettbewerbern wird nicht zugesichert. Das Anschlagunternehmen verpflichtet sich, Plakate konkurrierender Produkte nach Maßgabe des verfügbaren Raumes nicht unmittelbar aneinander anzuschlagen.

7. Platzvorschriften
Platzvorschriften werden für Allgemeine Anschlagstellen nicht angenommen. Nach Möglichkeit werden die Plakate wechselweise gleich günstig angeschlagen.

8. Sonderleistungen
Sonderleistungen sind individuell zu vereinbaren; sie werden dem Auftraggeber gesondert berechnet (z. B. Anschlagen, Abdecken oder Aufkleben von Streifen außerhalb des regelmäßigen Klebeganges).

9. Laufzeit
Wenn der Auftraggeber die Veränderung oder Unterbrechung eines Anschlags wünscht, wird die Fortsetzung des Anschlags als neuer Auftrag behandelt; eine Verlängerung gilt nicht als Veränderung.

10. Zahlung
10.1 Wenn nicht Vorauszahlung vereinbart ist, sind die Rechnungsbeträge innerhalb einer Woche nach Anschlagbeginn zahlbar; im Geschäftsverkehr zwischen Werbungsmittler und Anschlagunternehmen beträgt die Zahlungsfrist 30 Tage nach Anschlagbeginn.

MOPLAK Medien Service GmbH · Schiess-Straße 68 · 40549 Düsseldorf · Postfach 110749 · 40507 Düsseldorf · Fon 0211/5361-0 · Fax 0211/5361-399 · www.moplak.de

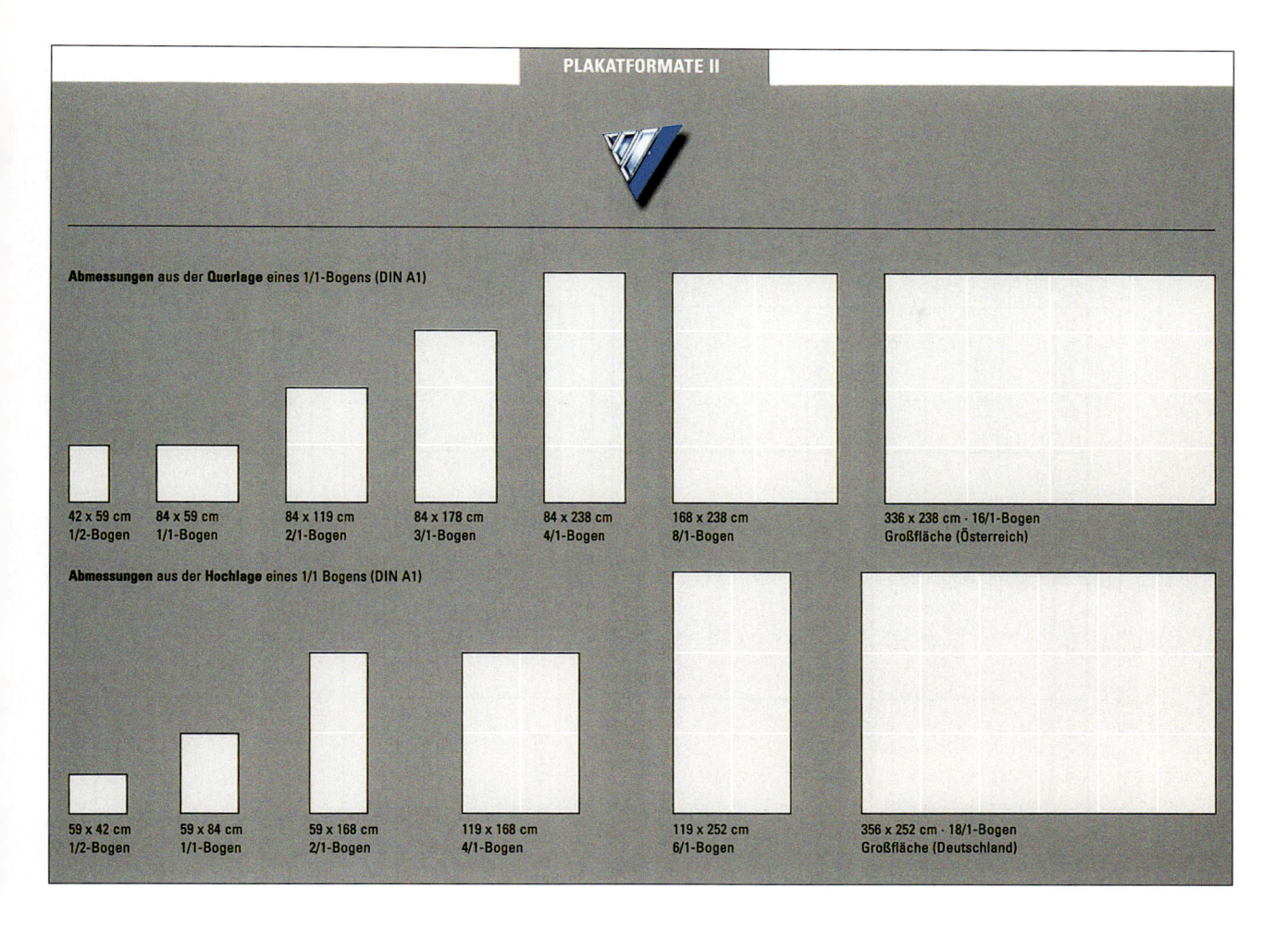

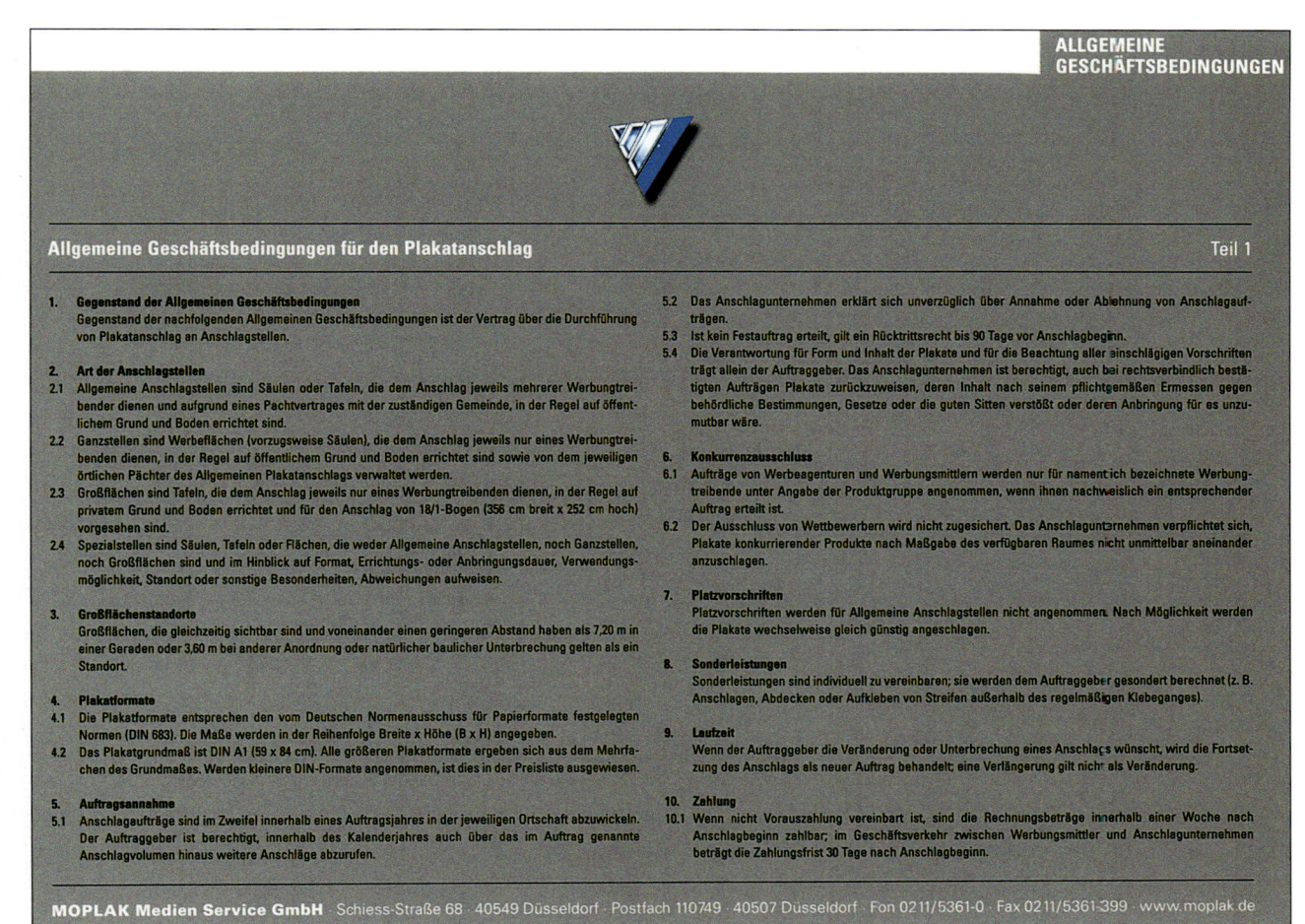

Werbeaktion „INTER-EXTRA-TOUR"

Planungshilfe: Mediakosten

Fernsehen:

Sendezeit in Sekunden:	20	Euro/Sek.	Euro pro Spot	April	Mai	Juni	Gesamt	April	Mai	Juni	Gesamt
					Anzahl				Euro		
MDR											
SWR											
WDR											
ZDF											
Gesamtbeträge:											

Rundfunk:

Sendezeit in Sekunden:	15	Euro/Sek.	Euro pro Spot	April	Mai	Juni	Gesamt	April	Mai	Juni	Gesamt
					Anzahl				Euro		
BRW 1											
MDR 1											
NDR 2											
WDR 4											
Antenne Sachsen											
Gesamtbeträge:											

Zeitungen/Zeitschriften

		Euro pro Seite	April	Mai	Juni	Gesamt	April	Mai	Juni	Gesamt
				Anzahl				Euro		
1/1 Seite, farbig:										
Frankfurter Rundschau										
Mitteldeutsche Zeitung										
Fit for Fun										
Trekkingbike										
Gesamtbeträge:										

Plakatwerbung

Tage:	10	Euro pro Tag	April	Mai	Juni	Gesamt	April	Mai	Juni	Gesamt
				Anzahl				Euro		
Städte bis 99 900 Einwohner										
Städte: 100 000 – 499 900 Einw.										
Städte: 500 000 – 999 900 Einw.	inkl. Leipzig									
Städte über 1 000 000 Einwohner										
Gesamtbeträge:										

Mediakosten insgesamt:

Marketing

7 Kommunikationspolitik
7.3 Verkaufsförderung

Arbeitsbogen **11**

Situation

Zur Kommunikationspolitik gehört nicht nur die eigentliche Produktwerbung. Es sind auch verkaufsfördernde Maßnahmen zu ergreifen, die den Handel beim Verkauf der Fahrräder unterstützen sollen. Die wesentlichen Werbemaßnahmen werden durch die Werbeagentur Petzold + Runge umgesetzt. Die Abteilung Marketing hat jedoch von der Geschäftsführung der interRad GmbH den Auftrag erhalten, Maßnahmen zur Verkaufsförderung (Salespromotion) durchzuführen.

Arbeitsauftrag

1. Bevor Sie Aktionen zur Verkaufsförderung planen, lösen Sie bitte die folgenden Aufgaben. Lesen Sie dazu gegebenenfalls im Ergebnisprotokoll der interRad GmbH zur Marketingsitzung nach.

   a) Formulieren Sie eine Definition für den Begriff Verkaufsförderung

   b) Wer soll mit der Verkaufsförderung angesprochen werden?

2. Überlegen Sie, welche Maßnahmen im Rahmen der Verkaufsförderung ergriffen werden können.

3. Mithilfe der Prospektseiten „Schäfer Shop Werbeartikel" sind Werbegeschenke auszuwählen, die an Händler und Kunden der interRad GmbH abgegeben werden sollen.

   a) Suchen Sie geeignete Werbeartikel aus. Die Kosten für den Werbeaufdruck „interRad GmbH" betragen pro Artikel 60,00 Euro. Die Gesamtkosten dürfen den Betrag von 20.000,00 Euro nicht übersteigen. Begründen Sie Ihre Auswahl.

   b) Füllen Sie den Fax-Bestellschein aus (Datum: 20..-02-15). Die interRad GmbH ist noch nicht „Shop-Kunde". Die jeweilige Bestellnummer braucht nicht eingetragen zu werden.

4. Im Laufe der letzten Jahre hat es bei der interRad GmbH im Rahmen des unlauteren Wettbewerbs hin und wieder strittige Entscheidungen gegeben. Beurteilen Sie die folgenden Fälle mithilfe der Auszüge aus den Gesetzestexten im Anhang.

   a) Die interRad GmbH hatte vor einem Jahr mit dem Slogan „Größter Fahrradhersteller Norddeutschlands" geworben.

   b) Im letzten Sommer hatte ein Veranstalter für Radsportreisen mit dem interRad-Logo geworben, ohne die interRad GmbH davon in Kenntnis zu setzen.

   c) Der Text einer Werbeanzeige für das Mountainbike in der Zeitschrift „Fit for Fun" beinhaltet: „Das interRad-MTB überzeugt durch Qualität, die seinesgleichen sucht".

Marketing

7 Kommunikationspolitik
7.3 Verkaufsförderung

Arbeitsbogen **11**

4. d) Der Fahrradladen Rückenwind in Berlin hatte im Rahmen einer Sonderaktion des letzten Jahres seinen Kunden auf alle interRad-Stadträder 10 % Rabatt gewährt.

   e) Ein italienischer Fahrradhersteller hatte vor drei Jahren ein baugleiches Rennrad mit allen Komponenten des interRad-Rennrads mit dem Namen „Giro" auf den Markt gebracht.

   f) Im Rahmen einer Werbeaktion hatte die interRad GmbH den Kunden beim Kauf eines MTB kostenlos einen Fahrradcomputer als Zugabe abgegeben.

   g) In dem Text einer Werbeanzeige eines Mitbewerbers war zu lesen: „Nach einer Umfrage bei Fahrradhändlern können wir feststellen, dass unsere Fahrräder nicht so oft zur Reparatur gebracht werden wie die minderen Fahrräder der interRad GmbH."

   h) Ein französischer Fahrradhersteller hatte vor einem Jahr seine Fahrräder mit einer betriebseigenen Gangschaltung mit dem Namen „Shiwano" ausgestattet und verkauft.

Anlagen/Arbeitsunterlagen

Gesprächsprotokoll der interRad GmbH zur Marketingsitzung* – Seite 25 bis 27
Katalogauszug „Schäfer Shop Werbeartikel"
Telefax-Bestellschein
Auszüge aus dem Gesetz gegen den unlauteren Wettbewerb und dem Markenschutzgesetz

1
Druckkugelschreiber
0,29/Stück
ab 6000 Stück

1 Druckkugelschreiber aus hochwertigem Kunststoff, Griffzone gummiert, mit blauschreibender Jumbomine. Maße: ca. L 135 mm, Ø ca. 13 mm.
Werbefläche: auf Schaft ca. 50 x 10 mm,
auf Clip ca. 22 x 5 mm,
auf Drücker ca. 8 x 5 mm.

Best.-Nr. W34/957 943	grau/weiß
Best.-Nr. W34/957 944	gelb/weiß
Best.-Nr. W34/957 947	rot/weiß
Best.-Nr. W34/957 948	blau/weiß
Best.-Nr. W34/957 949	schwarz/weiß

	€/Stück	Sonderpreise in € pro Stück				
		ab 500	ab 1000	ab 2000	ab 4000	ab 6000
ohne Werbung	0,35	0,34	0,33	0,32	0,31	0,29
m. Werb. a. Schaft	–	+0,12	+0,11	+0,09	+0,08	+0,07
mit Werb. auf Clip	–	+0,14	+0,13	+0,12	+0,11	+0,10
m. W. auf Drücker	–	+0,14	+0,13	+0,12	+0,11	+0,10

2 Druckkugelschreiber, wie unter Pos. 1 beschrieben, allerdings aus gefrostetem, transparentem Kunststoff mit weißer Jumbomine.
Werbefläche: auf Schaft ca. 50 x 10 mm,
auf Clip ca. 22 x 5 mm,
auf Drücker ca. 8 x 5 mm.

Best.-Nr. W34/957 950	blau
Best.-Nr. W34/957 951	gelb
Best.-Nr. W34/957 952	rot
Best.-Nr. W34/957 953	transparent

	€/Stück	Sonderpreise in € pro Stück				
		ab 500	ab 1000	ab 2000	ab 4000	ab 6000
ohne Werbung	0,42	0,41	0,40	0,39	0,37	0,35
m. Werb. a. Schaft	–	+0,12	+0,11	+0,09	+0,08	+0,07
mit Werb. auf Clip	–	+0,14	+0,13	+0,12	+0,11	+0,10
m. W. auf Drücker	–	+0,14	+0,13	+0,12	+0,11	+0,10

Druckkugelschreiber
2 0,35/Stück
ab 6000 Stück

3 Druckkugelschreiber „Loop" – Design Kugelschreiber mit spiralförmigem Oberteil und origineller Kappendruckmechanik. Mit blauschreibender Super-Großraummine. Maße: ca. 140 mm lang.
Werbefläche: auf Schaft ca. 45 x 10 mm,
auf Clip ca. 22 x 5 mm.

Best.-Nr. W34/957 791	weiß/gelb
Best.-Nr. W34/957 792	weiß/blau
Best.-Nr. W34/957 793	weiß/rot
Best.-Nr. W34/957 794	weiß/grün
Best.-Nr. W34/957 795	weiß/schwarz

	€/Stück	Sonderpreise in € pro Stück				
		ab 250	ab 500	ab 1000	ab 2500	ab 5000
ohne Werbung	0,48	0,47	0,46	0,44	0,42	0,39
m. Werb. a. Schaft	–	+0,13	+0,12	+0,11	+0,10	+0,09
m. Werb. a. Clip	–	+0,15	+0,14	+0,13	+0,12	+0,11

Druckkugelschreiber „Loop"
3 0,39/Stück
ab 5000 Stück

Dieser Katalog ist bestimmt für Industrie, Handel und sonstige gewerbliche Verbraucher. Die Grundkosten für Ihre Werbeanbringung finden Sie auf Seite 2.

© Winklers 3222 Abraham : Nemeth : Schalk, interRad GmbH – Lernfeld Marketing

Auch mit *Laser-Gravur* erhältlich

◀ **1** Schlüsselhalter „Lift"
1,69 /Stück
ab 500 Stück

Auch mit *Laser-Gravur* erhältlich

◀ **2** Schlüsselhalter „Limousine"
1,79 /Stück
ab 500 Stück

Nützliche Dinge für den Einkauf!

1 Schlüsselhalter „Lift" – eleganter Schlüsselhalter mit roter LED-Leuchte und Kapselheber. Matt satinierte Metallausführung, Schlüsselring hochglanzverchromt. Im Geschenkkarton.
Maße: ca. L 49 x B 27 x T 9 mm.
Best.-Nr. W34/957 829

Werbefläche ca. 20 x 10 mm	€/Stück	Sonderpreise in € pro Stück				
		ab 75	ab 150	ab 250	ab 500
ohne Werbung	2,05	1,98	1,90	1,82	1,69
mit Werbe-Druck	–	+0,31	+0,26	+0,20	+0,15
mit Laser-Gravur	–	+0,61	+0,51	+0,46	+0,41

Einkaufswagenchip „Kunststoff"
3 **0,30** /Stück
ab 10 000 Stück

4 Einkaufswagenchip „Metall"
0,89 /Stück
ab 2500 Stück
▼

2 Schlüsselhalter „Limousine" – dekorativer Schlüsselhalter mit abnehmbarem Metalldraht. Korpus aus Metall, matt satiniert. Maße: ca. L 52 x B 68 x T 7 mm.
Best.-Nr. W34/957 828

Werbefläche ca. 15 x 10 mm	€/Stück	Sonderpreise in € pro Stück				
		ab 50	ab 100	ab 250	ab 500
ohne Werbung	2,15	2,10	2,05	1,95	1,79
mit Werbe-Druck	–	+0,31	+0,26	+0,20	+0,15
mit Laser-Gravur	–	+0,61	+0,51	+0,46	+0,41

3 Einkaufswagenchip mit Kunststoffhalter. Der Halter ist mit einem stabilen Metallhaken und einem Schlüsselring ausgestattet und so konzipiert, dass sich der Chip frei drehen kann.
Maße: ca. L 45 x B 20 mm (Halter),
ca. L 110 mm
(Halter mit Metallhaken + Schlüsselring).
Best.-Nr. W34/955 170 weiß
Best.-Nr. W34/955 171 gelb
Best.-Nr. W34/955 172 blau

Werbefläche ca. 16 x 16 mm	€/Stück	Sonderpreise in € pro Stück				
		ab 500	ab 1000	ab 2500	ab 5000	ab 10 000
ohne Werbung	0,35	0,34	0,33	0,32	0,31	0,30
mit Werbung	–	+0,15	+0,14	+0,13	+0,12	+0,10

4 Einkaufswagenchip mit Metallhalter und Schlüsselring. Zusätzlich wurde der Halter noch mit einem Flaschenöffner ausgestattet. Der Chip ist bei den Ausführungen „weiß", „gelb", „rot" und „blau" mit „Smilie-Gesichtern" und bei der „grünen" Ausführung mit „Kleeblättern" bedruckt und durch die besondere Konstruktion des Halters leicht drehbar.
Maße: ca. L 54 x B 20 mm (Halter),
ca. L 90 mm
(Halter mit Schlüsselring).
Best.-Nr. W34/955 275 weiß
Best.-Nr. W34/955 276 gelb
Best.-Nr. W34/955 277 rot
Best.-Nr. W34/955 278 blau
Best.-Nr. W34/955 279 grün

Werbefläche ca. 20 x 15 mm	€/Stück	Sonderpreise in € pro Stück				
		ab 150	ab 250	ab 500	ab 1000	ab 2500
ohne Werbung	1,02	1,–	0,98	0,95	0,92	0,89
mit Werbung	–	+0,25	+0,22	+0,20	+0,18	+0,15

Dieser Katalog ist bestimmt für Industrie, Handel und sonstige gewerbliche Verbraucher. Die Grundkosten für Ihre Werbeanbringung finden Sie auf Seite 2.

SCHÄFER SHOP GMBH

Werbeartikel

Telefax-Bestellschein 4/2003

(01 80) 5 33 66 54
(€ 0,12/Min.)

Internet: www. schaefer-werbeartikel.de

Ist das Ihr letzter Bestellschein? Dann kopieren Sie ihn bitte vor dem Ausfüllen!

Senden Sie mir die bestellte Ware bitte

☐ gegen Rechnung, zahlbar innerhalb 30 Tagen rein netto Kasse

☐ im Einzelversand an die vorgegebenen Anschriften (bitte Versandpapiere beifügen)

Name des Bestellers (bitte in Blockbuchstaben):

____

Datum rechtsverbindliche Unterschrift

Ich bestelle zu den Schäfer Shop-Bedingungen

Text für Ihre Werbeanbringung

Falls Sie eine Werbeanbringung wünschen, beachten Sie bitte unbedingt die Angaben auf der Umschlaginnenseite des Kataloges zur Datenbearbeitung!

Bestell-Nummer	Menge	Artikel-Bezeichnung	ohne Werb.	mit Werb.	Farbe (siehe jeweils Seite 2 im Katalog)	Schriftart (siehe jeweils Seite 2 im Katalog)	Einzelpreis
W34/							
W34/							
W34/							
W34/							
W34/							
W34/							
W34/							
W34/							
W34/							

VY

Rechnungsanschrift:

Versandanschrift: (falls abweichend)

Firma: ______________

Straße/Nr.: ______________

PLZ/Ort: ______________

Ortsteil: ______________

Bitte unbedingt ausfüllen:

Ansprechpartner: ______________

Tel. (für Avis): ______________

E-Mail: ______________

0066688

SCHÄFER SHOP GMBH

Werbeartikel

Telefax-Bestellschein 4/2003

(01 80) 5 33 66 54
(€ 0,12/Min.)

Internet: www. schaefer-werbeartikel.de

Ist das Ihr letzter Bestellschein? Dann kopieren Sie ihn bitte vor dem Ausfüllen!

Senden Sie mir die bestellte Ware bitte

☐ gegen Rechnung, zahlbar innerhalb 30 Tagen rein netto Kasse

☐ im Einzelversand an die vorgegebenen Anschriften (bitte Versandpapiere beifügen)

Name des Bestellers (bitte in Blockbuchstaben):

Datum rechtsverbindliche Unterschrift

Ich bestelle zu den Schäfer Shop-Bedingungen

Text für Ihre Werbeanbringung

Falls Sie eine Werbeanbringung wünschen, beachten Sie bitte unbedingt die Angaben auf der Umschlaginnenseite des Kataloges zur Datenbearbeitung!

Bestell-Nummer	Menge	Artikel-Bezeichnung	ohne Werb.	mit Werb.	Farbe (siehe jeweils Seite 2 im Katalog)	Schriftart (siehe jeweils Seite 2 im Katalog)	Einzelpreis
W34/							
W34/							
W34/							
W34/							
W34/							
W34/							
W34/							
W34/							
W34/							

VY

Rechnungsanschrift:

Versandanschrift: (falls abweichend)

Firma: ______________

Straße/Nr.: ______________

PLZ/Ort: ______________

Ortsteil: ______________

Bitte unbedingt ausfüllen:

Ansprechpartner: ______________

Tel. (für Avis): ______________

E-Mail: ______________

Auszüge aus dem Gesetz gegen den unlauteren Wettbewerb (UWG)

[Zu Arbeitsbogen 11: Verkaufsförderung]

§ 1 Zweck des Gesetzes

Dieses Gesetz dient dem Schutz der Mitbewerber, der Verbraucherinnen und der Verbraucher sowie der sonstigen Marktteilnehmer vor unlauterem Wettbewerb. Es schützt zugleich das Interesse der Allgemeinheit an einem unverfälschten Wettbewerb.

§ 3 Verbot unlauteren Wettbewerbs

Unlautere Wettbewerbshandlungen, die geeignet sind, den Wettbewerb zum Nachteil der Mitbewerber, der Verbraucher oder der sonstigen Marktteilnehmer nicht nur unerheblich zu beeinträchtigen, sind unzulässig.

§ 5 Irreführende Werbung

(1) Unlauter im Sinne von § 3 handelt, wer irreführend wirbt.

(2) Bei der Beurteilung der Frage, ob eine Werbung irreführend ist, sind alle ihre Bestandteile zu berücksichtigen, insbesondere in ihr enthaltene Angaben über:

1. die Merkmale der Waren oder Dienstleistungen wie Verfügbarkeit, Art, Ausführung, Zusammensetzung, Verfahren und Zeitpunkt der Herstellung oder Erbringung, die Zwecktauglichkeit, Verwendungsmöglichkeit, Menge, Beschaffenheit, die geographische oder betriebliche Herkunft ...
2. den Anlass des Verkaufs und den Preis oder die Art und Weise, in der er berechnet wird, und die Bedingungen, unter denen die Waren geliefert oder die Dienstleistungen erbracht werden;
3. die geschäftlichen Verhältnisse, insbesondere die Art, die Eigenschaften und die Rechte des Werbenden, wie seine Identität und sein Vermögen, seine geistigen Eigentumsrechte, seine Befähigung ...

(3) Angaben im Sinne von Absatz 2 sind auch Angaben im Rahmen vergleichender Werbung sowie bildliche Darstellungen und sonstige Veranstaltungen, die darauf zielen und geeignet sind, solche Angaben zu ersetzen.

(4) Es wird vermutet, dass es irreführend ist, mit der Herabsetzung eines Preises zu werben, sofern der Preis nur für eine unangemessen kurze Zeit gefordert worden ist. ...

(5) Es ist irreführend, für eine Ware zu werben, die unter Berücksichtigung der Art der Ware sowie der Gestaltung und Verbreitung der Werbung nicht in angemessener Menge zur Befriedigung der zu erwartenden Nachfrage vorgehalten ist. Angemessen ist im Regelfall ein Vorrat für zwei Tage, es sei denn, der Unternehmer weist Gründe nach, die eine geringere Bevorratung rechtfertigen. ...

§ 6 Vergleichende Werbung

(1) Vergleichende Werbung ist jede Werbung, die unmittelbar oder mittelbar einen Mitbewerber oder die von einem Mitbewerber angebotenen Waren oder Dienstleistungen erkennbar macht.

(2) Unlauter im Sinne von § 3 handelt, wer vergleichend wirbt, wenn der Vergleich

1. sich nicht auf Waren oder Dienstleistungen für den gleichen Bedarf oder dieselbe Zweckbestimmung bezieht,
2. nicht objektiv auf eine oder mehrere wesentliche, relevante, nachprüfbare und typische Eigenschaften oder den Preis dieser Waren oder Dienstleistungen bezogen ist,
3. im geschäftlichen Verkehr zu Verwechslungen zwischen dem Werbenden und einem Mitbewerber oder zwischen den von diesen angebotenen Waren oder Dienstleistungen oder den von ihnen verwendeten Kennzeichen führt,
4. die Wertschätzung des von einem Mitbewerber verwendeten Kennzeichens in unlauterer Weise ausnutzt oder beeinträchtigt,
5. die Waren, Dienstleistungen, Tätigkeiten oder persönlichen oder geschäftlichen Verhältnisse eines Mitbewerbers herabsetzt oder verunglimpft oder
6. eine Ware oder Dienstleistung als Imitation oder Nachahmung einer unter einem geschützten Kennzeichen vertriebenen Ware oder Dienstleistung darstellt.

...

Auszüge Gesetz über den Schutz von Marken und sonstigen Kennzeichen (MarkenG)

[Zu Arbeitsbogen 11: Verkaufsförderung]

§ 1 Geschützte Marken und sonstigen Kennzeichen

Nach diesem Gesetz werden geschützt:

1. Marken
2. geschäftliche Bezeichnungen
3. geographische Herkunftsangaben

§ 2 Anwendung anderer Vorschriften

Der Schutz von Marken, geschäftlichen Bezeichnungen und geographischen Herkunftsangaben nach dem Gesetz schließt die Anwendung anderer Vorschriften zum Schutz dieser Kennzeichen nicht aus.

Marketing

7 Kommunikationspolitik
7.4 Werbeanzeige

Arbeitsbogen **12**

Situation

Neben Maßnahmen zur Verkaufsförderung soll die Abteilung Marketing der interRad GmbH in Zusammenarbeit mit der Werbeagentur Petzold + Runge eine Werbeanzeige entwickeln.

Arbeitsauftrag

1. Bei einer Werbeanzeige in einer Zeitung oder Zeitschrift ist es besonders wichtig, die Aufmerksamkeit des Lesers zu erlangen. Unter Werbefachleuten ist die so genannte AIDA-Formel sehr beliebt. Nach der AIDA-Formel läuft eine erfolgreiche Werbung in folgenden Stufen ab:

    A ttention

    I nterest

    D esire

    A ction

    Erläutern Sie die Bedeutung der vier Stufen der AIDA-Formel.

2. Bevor Sie selbst eine Anzeige entwerfen, soll zunächst eine Werbeanzeige eines Mitkonkurrenten analysiert werden. Die Werbung wendet sich teils an den Verstand des Menschen, teils versucht sie durch feine psychologische Methoden, im Unterbewusstsein versteckte Wünsche oder Sehnsüchte zu aktivieren. Das geschieht vor allem bei der Werbung im Fernsehen und in Zeitschriften.

    a) Inwieweit werden Ihrer Meinung nach durch die Anzeige von Kildemoes die ersten drei Stufen der AIDA-Formel erreicht?

    b) Welche Informationen enthalten Text und Bild?

    c) Was steht im Vordergrund der Anzeige:
    – Appell an das Gefühl,
    – sachliche Information,
    – Originalität?

    d) Welche Zielgruppe soll durch die Anzeige angesprochen werden?

    e) Halten Sie die Gestaltung der Anzeige für ein geeignetes Vorbild für die geplante Werbeanzeige der interRad GmbH?

© Winklers 3222 Abraham : Nemeth : Schalk, interRad GmbH – Lernfeld Marketing

Marketing

7 Kommunikationspolitik
7.4 Werbeanzeige

Arbeitsbogen **12**

3. Mithilfe einer Werbeanzeige soll das neue Trekkingbike u. a. mit der DualDrive-27-Gang-Schaltung von SRAM bekannt gemacht werden.

   a) Welche Aspekte sind bei der Werbung für das Trekkingbike herauszustellen? Orientieren Sie sich an dem Verkaufskatalog der interRad GmbH.

   b) Formulieren Sie Werbeaussagen, die die Eigenschaften der DualDrive-27-Gang-Schaltung hervorheben. Legen Sie dabei die Produktbeschreibung von SRAM zugrunde.

4. Entwerfen Sie eine Werbeanzeige unter Berücksichtigung der bisherigen Ergebnisse. Verwenden Sie die Produktbeschreibung der DualDrive-27-Gang-Schaltung von SRAM sowie den Verkaufskatalog der interRad GmbH für das Rennrad.

5. Entwickeln Sie Vorstellungen für eine Anzeigenkampagne. Die Werbeanzeige soll ganzseitig mit Bild und Text erscheinen.

   a) In welchen Zeitungen oder Zeitschriften sollte die Werbeanzeige platziert werden?

   b) An welchem Wochentag sollte die Werbeanzeige veröffentlicht werden?

   c) Ermitteln Sie mithilfe der Anzeigenpreisliste der örtlichen Tageszeitung, wie viel Euro eine ganzseitige Werbeanzeige in Schwarzweiß und in Farbe kostet.

Anlagen/Arbeitsunterlagen

Werbeanzeige von Kildemoes
Auszug aus dem interRad-Katalog
Produktbeschreibung der DualDrive-27-Gang-Schaltung von SRAM
Preisliste für Werbeanzeigen einer örtlichen Tageszeitung**

LOVE IS IN THE AIR
COLIBRI BY KILDEMOES
KILDEMOES
den danske cykel

Sportlich und schnell über Berg und Tal

Rahmen:	**Handgefertigter Profirahmen aus Chrom-Molybdän-Rohren**
Laufräder:	**LM-Felge 700 C concave poliert, NIROSTA-Speichen** **Blizzard-Reifen von Bohle**
Schaltung:	**18- und 27-Gang-Kettenschaltung von Shimano**
Sattel:	**Turbo-Rennsattel, Obermaterial Leder**
Lenker:	**Eckige Form mit tiefem Bügel**
Farbe:	**Perlgelb**

Rennrad 28"   18 / 27 Gang

DualDrive

DIE NEUE LUST AM RADFAHREN

Lust statt Frust – dafür steht die neueste DualDrive Schalttechnik von SRAM. Kein Frust mehr über den falschen Gang, Sie finden immer den richtigen - im Stand an der roten Ampel oder unter Last am Berg. Ob sicher zur Arbeit oder entspannt auf der Tour, der Weg ist das Ziel! DualDrive - Innovation für die neue Lust am Radfahren.

SRAM
www.sram.com

© Winklers 3222 Abraham : Nemeth : Schalk, interRad GmbH – Lernfeld Marketing

DUALDRIVE - WAS STECKT DAHINTER?

DualDrive ist die Kombination aus zuverlässiger, wartungsarmer Nabenschaltung mit sportlicher Kettenschaltung. Die Innovation gegenüber den herkömmlichen Getriebenaben liegt in der Fähigkeit, im Stand und unter Last schalten zu können. Für jede Fahrsituation findet man immer den richtigen Gang. Auch die Bedienung von DualDrive ist der Clou. Alle Gänge werden durch einen Schalter mit einer Hand gesteuert. Der ergonomisch geformte Drehgriff macht Schalten kinderleicht. Vorne ist nur ein Kettenblatt nötig, so lässt sich ein Kettenschutz problemlos montieren. Bei voll gefederten Rädern bietet DualDrive einen zusätzlichen Vorteil: keinen Pedalrückschlag. Pannenhilfe? Kein Problem! Für die schnelle Montage des Hinterrades wurde die Klickbox entwickelt. Große Sichtfenster und Symbole zeigen die richtige Einstellung an. Mit einem simplen Knopfdruck lässt sich das Schaltkabel einfach von der Aluminiumnabe trennen. Die DualDrive Getriebenabe hat standardmäßig drei Gänge. Gepaart mit wahlweise 7,8 oder 9-Gang Zahnkränzen hat man so die Wahl zwischen der 21, 24 oder 27 Gang Version.

NABE UND KASSETTE
Hochwertige Alu Nabe, unter Last schaltbar. Sehr geringe Schaltkräfte. Schalten im Stand möglich (Moduswahl):
Einfaches Anfahren z.B. an der Ampel.

KLICKBOX
Garantiert einfachen, schnellen Radwechsel.
(27 Gänge mit Ganganzeigefenster oder 24/21 Gänge ohne Ganganzeigefenster.)

SCHALTEINHEIT
Einfache Ganganzeige: Alles auf einen Blick. Intuitiver, logischer Schaltvorgang. Komplette Steuerung und Kontrolle des Systems mit einer Hand. Kettenschaltung durch Drehgriff, Nabenschaltung durch Daumen-Modushebel.

SCHALTWERK
Präzises Schalten mit geringem Kraftaufwand. Im Rennsport erprobtes Material und Design garantieren zuverlässige Funktion.

Interview
Wie teuer ist ein DualDrive Fahrrad?
SCHILLING: Ab 500 Euro bekommt man ein Rad, nach oben gibt es kaum Grenzen. Neben den 27- und 24-Gang Versionen, bieten wir das DualDrive System jetzt neu in der 21-Gang-Variante an.
Wie langlebig ist das DualDrive System?
Unser Unternehmen baut seit 100 Jahren Getriebenaben. DualDrive ist wie die anderen Getriebenaben zuverlässig und extrem robust. Die Briefboten der Deutschen Post fahren beispielsweise mit SRAM P5 Getriebenaben. Unsere Naben überleben in der Regel das Rad, Qualität auf höchstem Niveau.
Was ist bei einem Platten, braucht man Spezialwerkzeug?
SCHILLING: Dank der Klickbox lässt sich das Schaltkabel durch einen Knopfdruck einfach von der Nabe abziehen. Das Hinterrad kann dann wie gewohnt, ohne Spezialwerkzeug ausgebaut werden.

DUALDRIVE PRODUKTMANAGER CLAUS DIETER SCHILLING

WWW.DUALDRIVE.COM

SRAM
www.sram.com

DUALDRIVE FAHRRÄDER
Das DualDrive Schaltsystem ist vielseitig in den unterschiedlichsten Fahrradtypen zu finden. Hier eine kleine Auswahl, vom Fitnessbike bis zum Faltrad.

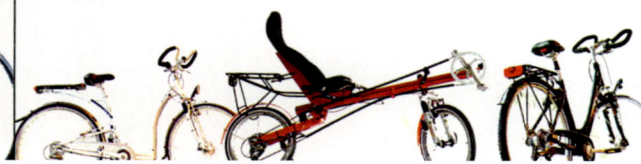

DualDrive Bikes finden Sie z.B. bei
www.winora.de
www.staiger-fahrrad.de
www.epple-bikes.de
www.trekbikes.com
www.giant-bicycles.com
www.felt.de
www.corratec.de
www.kettler.at
www.hercules-bikes.de

Marketing

7 Kommunikationspolitik
7.5 Direktwerbung – Mailing

Arbeitsbogen **13**

Situation

Im Rahmen ihrer Werbeaktion „Inter-Extra-Tour" befasst sich die Marketing-Abteilung der interRad GmbH auch mit der Möglichkeit, Direktwerbung bei den Kunden zu treiben, indem sie Werbebriefe verschickt. Als Hilfe dient ihr u. a. das Informationsschreiben der Werbeagentur Petzold + Runge „Hinweise für die Direktwerbung".

Gleichzeitig entwirft eine Steuergruppe „Mailing" für die interRad-Kunden eine Direktwerbung zum Trekkingbike.

Arbeitsauftrag

Beantworten Sie zunächst mithilfe des Informationsblattes über die Direktwerbung die folgenden Fragen.

1. Begründen Sie, warum für eine erfolgreiche Direktwerbung eine Kundenstammliste sehr wichtig ist.

2. Erläutern Sie den Unterschied zwischen einer Direktwerbung per Werbebrief und einer Massenwerbung.

3. Innerhalb der Werbemannschaft wird diskutiert, ob die Direktwerbung auch per E-Mail erfolgen soll. Überlegen Sie, welche Gründe dafür bzw. dagegen sprechen.

4. Begründen Sie, welche drei Grundregeln **in Bezug auf die Gestaltung eines Werbebriefes** Ihrer Meinung nach besonders wirkungsvoll sind.

5. Nennen Sie drei Grundregeln, die berücksichtigt werden sollten, um die erwünschte Reaktion des Empfängers hervorzurufen.

6. Erläutern Sie, was mit Zeitdruck bzw. Handlungsdruck gemeint ist und was damit erreicht werden soll.

Beantworten Sie die folgenden Fragen mithilfe des Werbebriefes der Firma SRAM an die interRad GmbH.

7. Untersuchen Sie, welche werbetechnischen Grundregeln (siehe „Hinweise für die Direktwerbung") bezüglich
    - der Gestaltung des Werbebriefes,
    - der gewünschten Reaktion des Kunden

   berücksichtigt worden sind.

8. Nennen Sie Beispiele für sprachlich und grafisch auffällige Mittel im Werbebrief. Überlegen Sie, welche Wirkung damit erreicht werden soll.

Marketing

7 Kommunikationspolitik
7.5 Direktwerbung – Mailing

Arbeitsbogen **13**

9. Nennen Sie Beispiele aus dem Werbebrief für folgende sprachliche Funktionen/Leistungen:

    – Darstellung (sachliche Aussagen),

    – Appell (werbende, auffordernde Aussagen),

    – Ausdruck (eher gefühlsbetonte Aussagen).

Begründen Sie, welche Sprachfunktion im Brief überwiegt.

Anlagen/Arbeitsunterlagen

Informationsblatt „Hinweise für die Direktwerbung"
Werbebrief der Firma SRAM Deutschland GmbH

Hinweise für die Direktwerbung

Werbebrief – Mailing

Werbeagentur Petzold + Runge

Der Werbebrief – Mailing – ist nach dem Gespräch die persönlichste Form der Werbung. Wichtigste Grundlage hierfür ist Ihre Kundendatenbank, die Kundenstammliste. Hier finden Sie alle Angaben, die eine persönliche Ansprache des Kunden ermöglichen. Denn eine Direktwerbung ist immer zielgruppengerichtet. Sie richtet sich daher niemals an eine anonyme Masse, sondern an ausgewählte Empfängergruppen. Für Massenansprachen wählt man eher Anzeigen, Radio- oder Fernsehspots usw.

Heutzutage werden alle Unternehmen geradezu überflutet mit Werbematerialien. Das führt dazu, dass sehr genau ausgewählt wird, vieles landet im Papierkorb. Berücksichtigen Sie also die psychologischen Grundlagen Ihrer Zielgruppen. Gelesen wird nur das, was für die Empfänger wichtig erscheint. Im Durchschnitt wird nur ein sehr kleiner Prozentsatz (ca. 3 %) der Wörter einer Werbebotschaft gelesen. Daraus folgt, gestalten Sie den Werbebrief so, dass die entscheidenden Vorteile in nur wenigen Sekunden deutlich werden. Die Augen des Lesers fixieren als Erstes Bilder oder bildähnliche Teile (Tabellen, Kurven, Headlines).

Je nach Zielgruppe ist die Briefgestaltung unterschiedlich, aber es sollten **folgende Grundregeln in Bezug auf die Gestaltung des Werbebriefes** berücksichtigt werden (vgl. J. Wolf, Marketing für den Mittelstand, München 1999):

- Der Werbebrief ist zu personalisieren! Wichtig: richtig geschriebene Adresse des Kunden.
- leserliche Unterschrift
- Der eigentliche geschäftliche Zweck sollte nicht so deutlich werden. Verzichten Sie daher auf die Angabe des Gerichtsstandes und Angaben zu Ihren Bankverbindungen.
- Der Brief sollte eine Nachschrift – ein Postskriptum (PS) – enthalten, denn in der Regel wird dieses mit als Erstes (!) gelesen.
- Es sollte ein „Zeitdruck" aufgebaut werden, damit der Kunde zur gewünschten Reaktion veranlasst wird (etwa: Angebot gilt nur bis ...).
- Es sollte bei Beginn der Werbeaktion festgelegt werden, ob es sich um eine einstufige, zweistufige oder um eine Follow-up-Direktwerbeaktion handelt.

In Bezug auf erwünschte Reaktionen der Kunden sollten folgende Grundregeln berücksichtigt werden:

- Als Reaktionselement sollte eine Antwortkarte oder ein Bestellformular beigefügt sein.
- Dieses Reaktionselement sollte gleichfalls auffällig gestaltet, klar gegliedert und persönlich gehalten sein.
- Es sollte genügend Platz für die Kundenadresse (z. B. für den Firmenstempel) vorhanden sein.
- Es sollte eine deutliche Handlungsempfehlung beinhalten (... sichern Sie sich diese Vorteile bis zum ...).
- Nennen Sie Kaufanreize: z. B. Gratisverlosung, Gewinnspiele, zeitlich befristete Sonderpreise.

Insgesamt gilt: Entwickeln Sie einen solchen Handlungsdruck für den Kunden, dass ihm deutlich wird, welche Chance er versäumt, wenn er nicht sofort bestellt. Schließlich sollte man bei Follow-up-Direktwerbeaktionen möglichst nicht mit niedrigen Preisen starten und dann erhöhen, sondern eher umgekehrt vorgehen. Als werbewirksame Aussagen haben sich z. B. Aussagen bewährt wie: „Sie sparen x Prozent, wenn Sie rechtzeitig bestellen."

Schließlich – sichern Sie sich die Hilfe einer Werbeagentur ab. Diese verfügt über ein umfangreiches Wissen bezüglich der Direktwerbung und über die kreativen Fähigkeiten, Ihren Werbebrief grafisch und textlich so zu gestalten, dass Sie erfolgreich werben.

SRAM DEUTSCHLAND GMBH

SRAM • Postfach 12 40 • 97402 Schweinfurt

SACHS

Interrad GmbH
Frau Woldt
Walliser Straße 125
28325 Bremen

**Ernst-Sachs-Straße 62
97424 Schweinfurt**

Telefon: 09721 981-0
Fax: 09721 9811
E-Mail: sachs@aol.com
Internet: www.sachs.com

20..-10-29

DualDrive-System – Sensation der Gangschaltungen auf der Fahrradmesse IFMA

Sehr geehrte Frau Woldt,

Ihre Interrad GmbH gehört zu dem ausgewählten Kundenkreis, dem wir zuerst die Möglichkeit geben, unser neues **DualDrive-Schaltungssystem** kennen zu lernen – die Kombination aus zuverlässiger, wartungsarmer Nabenschaltung mit sportlicher Kettenschaltung. Nutzen Sie diesen Startvorteil, denn mit dieser Schaltung hat das neue Fahrradzeitalter begonnen. Geeignet für alle Fahrradversionen, ideal für Trekking- und Mountainbikes!

Was leistet nun das neue, überzeugende **DualDrive-System**?

Mehr Bedienkomfort!

Sie schalten wie gewohnt, aber dort, wo es am einfachsten ist – am Griff. Ein ergonomischer Drehgriff, intuitiver, logischer Schaltvorgang – soll heißen, Schalten wird kinderleicht. Einfache, übersichtliche Ganganzeige, alles auf einem Blick. Eine simple Drehbewegung mit einer Hand genügt zum Wechseln der Gänge.

Mehr Leistung!

Für jede Geschwindigkeit der richtige Gang, angenehm und gelenkschonend zu fahren. Berge sind für Sie kein Hindernis, Wahl zwischen 21, 24 oder 27 fein abgestuften Gängen für jedes Gelände. Sie können in jeder Situation schalten – im Stand an der Ampel, beim Antritt am Berg. Kennen Sie ein besseres System?

Mehr Sicherheit!

Wie bei allen Nabenschaltungen eine Rücktrittbremse, Sicherheit hat bei uns Vortritt. Kleider schonender Kettenschutz, problemlos funktionale Bedienung. Die ganze Technik in einer gekapselten Nabe, d. h. wartungsarm und wetterfest. Welcher Kunde legt darauf nicht Wert?

Füllen Sie die Antwortkarte aus und Ihre Fachkräfte erhalten eine kostenlose Einführung. Wenn Sie innerhalb 4 Wochen reagieren, unterstützen wir Sie zudem bei der Vermarktung Ihres mit unserem **DualDrive-System** ausgestatteten Fahrrades. Es gibt nichts Besseres!

Mit freundlichen Grüßen

Ihr *R. Fischer*

PS: Einen Sonderrabatt von 5 % gibt es für die ersten 20 Unternehmen, die unser **DualDrive-System** anfordern (Mindestabnahme 1000 Stück). Geben Sie Ihrem Unternehmen diese Chance.